A história do outro muda a gente

UM LIVRO DO TER.A.PIA

ALEXANDRE SIMONE E LUCAS GALDINO

A história do outro muda a gente

POR QUE PRECISAMOS OUVIR AS PESSOAS?

A história do outro muda a gente: Por que precisamos ouvir as pessoas?

1ª edição — São Paulo

Diretor-presidente:
Jorge Yunes
Gerente editorial:
Luiza Del Monaco
Editoras:
Gabriela Ghetti, Christiane Angelotti
Assistentes editoriais:
Júlia Tourinho, Mariana Silvestre
Suporte editorial:
Nádila Sousa, Fabiana Signorini
Estagiária editorial:
Emily Macedo
Coordenadora de arte:
Juliana Ida
Assistentes de arte:
Valquíria Palma, Vitor Castrillo
Gerente de marketing:
Renata Bueno
Analista de marketing:
Flávio Lima, Juliane Cardoso
Estagiárias de marketing:
Carolina Falvo, Mariana Iazetti
Direitos autorais:
Leila Andrade
Gerente comercial:
Cláudio Varela
Coordenadora comercial:
Vivian Pessoa

Preparação de texto:
Mel Ribeiro
Revisão:
Daniel Safadi, Camila Gonçalves
Projeto gráfico e diagramação de miolo e capa:
Fernanda Mello

NACIONAL

Rua Gomes de Carvalho, 1306 – 11º andar – Vila Olímpia
São Paulo – SP – 04547-005 – Brasil – Tel.: (11) 2799-7799
editoranacional.com.br – atendimento@grupoibep.com.br

Este livro foi escrito por pessoas que escutam pessoas
e para pessoas que se inspiram em outras pessoas.
Só esse amor por pessoas poderia ter feito este livro nascer.
Fica nosso agradecimento aos mais de três milhões
que acompanham o Ter.a.pia e aos nossos apoiadores,
que são tão apaixonados por pessoas quanto nós,
e também a todas as pessoas que abrem as portas de casa
para nos receber e dividir a coisa mais valiosa
da vida delas: suas histórias.

Prefácio

A vida humana jamais pode ser considerada como um fato. Os fatos são monocromáticos, sem nuances, de um caráter objetivo que os coloca quase na condição de documentos comprobatórios de que algo realmente existiu. Vidas humanas são muito mais do que simplesmente fatos alinhados numa sequência temporal. Existir é uma condição que pede uma pergunta da qual nenhum de nós foge: qual o sentido de estarmos vivos? Há, nesta interrogação, uma abertura para inquietações que nos acometem em vários momentos da linha do tempo. Não é a mesma coisa perguntar sobre o sentido da vida quando crianças, como adultos, depois de um câncer, depois de perceber que há algo que nos difere do que o mundo esperaria de nós.

Por isso, as histórias humanas são muito mais do que fatos. Os fatos são o início do parágrafo de uma redação interminável, como naquela proposta que a maioria teve que cumprir nos tempos do colégio: "escreva uma história começando com esta frase". Em uma vida qualquer, a frase que inicia a redação é o fato (tenho câncer, meu filho é gay, minha mãe morreu). O resto da história é o significado que eu vou construir a partir deste fato. O que eu farei com o que a vida fez comigo. A vida não são fatos. A vida é composta da nossa autoria para fazer dos fatos o início da nossa história.

As histórias de vida nos interessam demais, e sempre terão esta imanência inequívoca, porque não há melhor aprendizado na convivência com a diferença do que escutar histórias recheadas de verdade, vulnerabilidade, inteireza, dúvida, desalento, sombras e profundas luzes que se acendem nas tentativas e erros de fazermos algo com os fatos que nos atravessam. Escutar histórias é colocarmo-nos no mesmo fluxo das águas incertas, que saem da torneira sem um destino certo de banhar louças de maneira simétrica. As águas caem e vão aos poucos lavando o que antes era gordura e sabão. As histórias vão se derramando sob nossos ouvidos atentos, lavando o que antes era certeza, rigidez e ignorância. As águas das histórias têm a capacidade de inundar-nos de beleza — aquela que não se evita, aquela que sempre surpreende, porque é o canto da alma que talvez estivesse emudecida pelo cotidiano tarefeiro demais.

Muito prazer, ainda não me apresentei. Sou Alexandre Coimbra Amaral, sou um humano qualquer, e me abro sempre para escutar as histórias que Lucas e Alê propõem para o seu imenso público no canal Ter.a.pia. Enquanto as louças são lavadas, minhas lágrimas inevitavelmente lavam momentos em mim. Sou devoto da lágrima como a louça é devota do sabão e da água. Sou afirmativamente apaixonado pela emoção de escutar a dúvida como o prelúdio de uma ação que pode fazer muita diferença. Sou encantado por gente que não tem certezas, mas que insiste em construir sentido para a vida. Por isso, sou fã do trabalho do Lucas e do Alê, que fizeram deste espaço singelo, a pia, um lugar para ensaboar rigidezes sociais que provocam sofrimento em tanta gente.

Este livro é mais uma das belezas que eles me proporcionaram, e eu convido você a acolhê-lo como um convite inédito, mesmo que você tenha visto muitos dos vídeos do canal. Imagine os vídeos deles como os fatos da vida do Ter.a.pia, e este livro como a produção do sentido que eles conseguiram construir a partir destes fatos. O que você lerá a seguir é uma espécie de costura bem cerzida, que o palavreado do desenvolvimento humano costuma chamar de maturidade. Depois de tantas experiências de escuta e diálogo de histórias inspiradoras, os dois resolveram ofertar-nos o seu resultado em amadurecimento psíquico sobre a forma de perceber a vida. Nas categorias que eles escolheram para formatar o livro, há a generosidade de tomar-nos pelas mãos para um passeio de alma com alma, ambos os lados sendo banhados pelas águas da humanidade.

Desejo que você possa viver aqui nesta leitura um pedaço significativo de seu momento presente, como uma lembrança daquilo que andamos nos esquecendo do que podemos vir a ser, mas sobretudo voltar a ser. Sinta-se no convite de ser cada uma destas personagens, pense em como você lidaria com cada desafio, e sobretudo embarque no lugar de Lucas e Alê, como quem escuta para aprender, e não para tomar partido ou reafirmar crenças engessadas. Este livro é um convite à fluidez, por isso tudo aqui começa na textura incapturável das águas.

Eu terminei esta leitura ainda mais fã. Estou mais reflexivo, mais emotivo, minha respiração suspira mais. Isto não é pouca coisa. O tempo em que estamos nos exige resiliência para conviver com os avessos do humano, e aqui temos um balão de oxigênio para a esperança e para o encantamento. Encantar a vida é parte de uma espécie de exercício fundante para sobrevivermos a tempos de caos e barbárie. *A história do outro muda a gente* é um destes momentos em que a alma descansa, o corpo agradece, as emoções se sobressaem à racionalidade que reduz o que é vida, e enfim, saímos úmidos de algum sentido novo, para este mistério insondável que é existir.

— ALEXANDRE COIMBRA AMARAL
Psicólogo, escritor, palestrante, colunista e podcaster
("Cartas de um terapeuta")
Aprendiz da beleza com que Alê e Lucas banham
as almas do mundo com o seu "ter.a.pia".

INTRODUÇÃO

Ter.a.pia

O que é o Ter.a.pia? Essas definições sempre nos pegam em cheio. Por mais que tenhamos um discurso pronto para explicar o projeto desde a criação até o que é hoje, não existe bem uma definição. O Ter.a.pia está em constante mudança, é um projeto vivo. A gente até brinca que é mais fácil perguntar para quem acompanha o canal o que ele significa do que perguntar para nós dois. Isso porque para o Lucas ele é uma coisa, para o Alexandre é outra. Para você que está lendo é outra, para aquela sua amiga que indicou o canal é algo totalmente diferente. Mas essa é a beleza do Ter.a.pia. Ele nasceu em 2018 com nosso desejo de criar um espaço de diálogo. A escuta atenta era algo muito em voga naquele ano, por conta do momento político, em que era necessário ouvir o outro, sabendo que o diálogo transforma. Mas como fazer isso de forma prática, empática, real? Foi aí que decidimos ouvir o que o outro tinha a dizer. Mas é claro que não íamos colocar um microfone em praça pública e perguntar qualquer coisa. Não! Queríamos ir mais a fundo. Entrar na intimidade daquela pessoa e descobrir quem ela é, o que ela viveu, de verdade. Foi assim que chegamos ao consenso de ir até sua casa, ouvi-la contar suas histórias mais íntimas enquanto lava louça. Primeiro porque era algo diferente, tinha um toque inusitado; mas depois fomos percebendo que aquele era um formato íntimo. A cozinha é um lugar muito pessoal de cada um. Quantas pessoas que o visitam entram em sua cozinha?

Pouquíssimas! É um lugar de troca, de compartilhar, de dividir o pão. Foi para isso que o Ter.a.pia, de fato, nasceu. Para ser um lugar de troca, de compartilhamento e, de certa forma, de aprendizado. Não temos um público-alvo ou nicho pensado em definições demográficas. Para a gente funciona assim: você gosta de ouvir e aprender com os outros? Então aqui é o seu lugar!

Falamos isso porque, a partir do momento em que as pessoas começam a seguir a página no Facebook, no Instagram, no canal do YouTube ou começam a ouvir nosso podcast, elas meio que aceitam conhecer outras vivências, e isso dá a elas a oportunidade de se autoconhecer. Independente da idade que tenham, de gênero, orientação sexual, etnia, cor, credo, time de futebol ou se preferem feijão por cima, por baixo ou ao lado do arroz. Não estamos interessados em falar com um nicho. Queremos falar com quem está disposto a ouvir (ou, neste caso, com quem está disposto a nos ler, como você!).

A gente pensa nessa troca de experiências como se estivesse completando um álbum no qual as figurinhas estão espalhadas de uma forma que apenas trocá-las com quem convivemos não vai ser suficiente para completar as páginas. Há pessoas que desistem de procurar as figurinhas faltantes por medo, vergonha, receio, preguiça... Mas, se alguém cria uma relação de confiança, pega a mão daquela pessoa receosa e a acompanha nessa busca, talvez ela possa encontrar figurinhas com cores e formatos diferentes que ela jamais teria encontrado nos lugares que costuma frequentar. Acreditamos que o Ter.a.pia se tornou esse alguém que vai criando uma relação de confiança e falando: "Vem cá! Vem conhecer essa pessoa aqui, que você pode descobrir coisas muito importantes com a história dela".

É claro que não achamos que vamos operar milagres. Longe disso! Não acreditamos que alguém que reproduza algum tipo de discurso de ódio ou que tenha ideias mais conservadoras vá deixar de reproduzi-los assistindo a um vídeo de dez minutos, mas só o fato de estar disposto a escutar aquela história, que seja por um minutinho, já é um grande passo para reconhecer que por trás de um rótulo existe uma história, dores e amores!

E é por isso que a gente ama ler os comentários, nos quais as pessoas compartilham seus aprendizados sobre uma história específica que está assistindo ou assistiu. Às vezes, o aprendizado é sobre o outro, para entendê-lo, e às vezes é sobre si, sobre o que aquela história diz a respeito de quem está assistindo, não apenas de quem está contando.

E foi justamente pensando nas reflexões geradas pelas histórias que contamos nas redes sociais que decidimos escrever este livro. Porque é pelas histórias que acreditamos poder trazer mudanças significativas para toda uma sociedade.

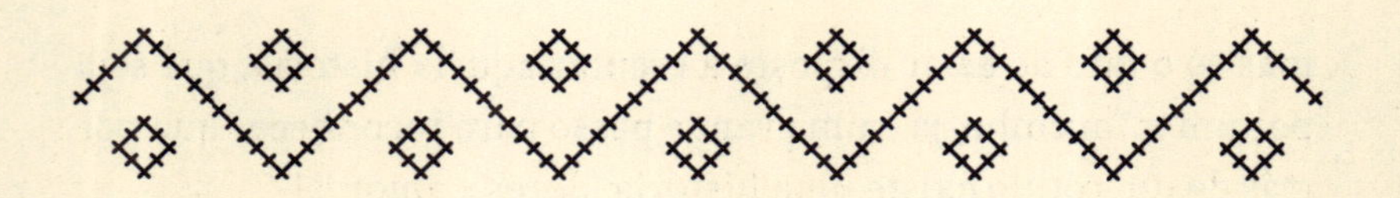

O livro do Ter.a.pia

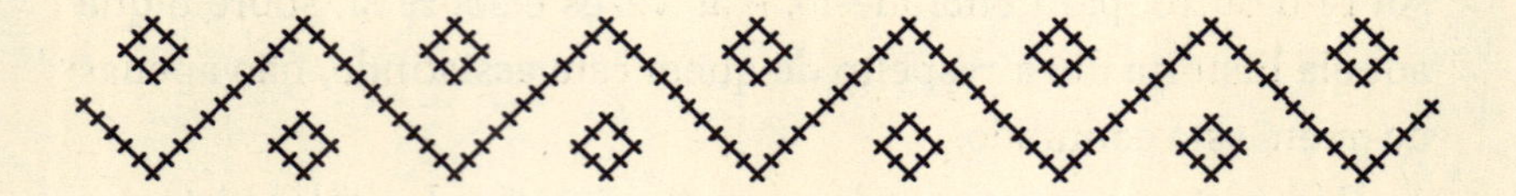

Nas páginas a seguir, buscamos trazer reflexões sobre questões aprendidas por nós dois com as histórias reais relatadas nos vídeos do canal. É como se o livro desse um rosto (ou vários) para cada tema abordado, ressaltando assim as pequenas semelhanças e criando vínculos afetivos com quem lê. O objetivo é convidar você, leitor, a absorver aquela consideração e, depois, ponderar sobre ela durante sua atividade cotidiana.

O livro conta com seis capítulos que caminham pelas etapas que a maioria das pessoas vivenciarão na vida. Isso porque acreditamos que, para se abrir para experiências externas, é necessário nos aprofundarmos em nossas próprias histórias. São elas: descoberta, propósito, relações, mudança, compreensão e coragem.

Entretanto, esse mergulho interior se dará de forma subconsciente na narrativa do livro; até porque as histórias não são escolhidas (apenas) para causar um sentimento de identificação, mas também uma reflexão sobre os temas. Cada passagem do livro aborda uma “etapa da vida” que pode ser identificada, porém as histórias escolhidas trazem outros olhares para essa “fase”. A intenção do livro não é associar as histórias x, y e z com pessoas de idades a, b e c, mas gerar identificação e reflexão no leitor com processos cíclicos que todos podemos a vivenciar.

A narrativa, assim, inicia em "Descoberta". Nessa primeira abordagem do livro, o objetivo é trazer histórias de autoconhecimento por pessoas que passaram pelo processo de se colocar no mundo e descobriram sua real identidade.

O segundo tópico, "Propósito", vai caminhar por relatos nos quais as personagens trazem lições importantes sobre sua contribuição para a comunidade em que vivem depois de experienciar questões significativas para seu processo de descoberta.

Somos seres sociais, não há como negar; por isso, a etapa "Relações" não pode ficar de fora da narrativa do livro. Nela, o objetivo é trazer reflexões sobre as histórias que reforçam a ideia do ser social, dos vínculos que criamos e de que não dá para viver sozinho.

Em "Mudança", a intenção é mostrar a força da resiliência e como ela pode ser aplicada tanto em situações em que precisamos bater na mesma tecla até conseguir, quanto nas que é necessário passar para uma próxima etapa da vida.

Já "Compreensão" conta histórias que nos remetem ao fim de um ciclo, como o luto e o perdão. A ideia dessa abordagem não é simplesmente entender como concluir as etapas da vida, mas abrir possibilidades e novos horizontes para o que ainda está por vir.

Por fim, será por meio da abordagem em "Coragem" que traremos reflexões sobre enfrentar obstáculos, seguir em frente e mensagens de superação, ressaltando como a coragem está ligada a todos os outros ciclos de nossas vidas.

Esperamos que você possa mergulhar em cada capítulo, em cada história e em cada reflexão de maneira profunda e levar para sua vida ensinamentos que só através do outro podemos adquirir. Que sua leitura seja transformadora, assim como escutar as pessoas é para a gente.

I
DESCOBERTA

Somos o que somos?

Você lembra quando foi a primeira vez em que parou e pensou: "esse sou eu", "essa é a minha identidade"? Provavelmente não. Normalmente, a gente vai levando a vida no automático e não pensa em nossa individualidade. Até porque nossa identidade é o que a gente é. Simples. Não é? Na verdade... não! O buraco é mais embaixo! O processo de nos tornarmos quem somos não é pontual; é uma construção dinâmica, cheia de altos e baixos, idas e vindas, e acontece através das nossas relações e experiências sociais durante toda a vida. Sem contar a influência cultural, que também impacta quem somos.

Mas como a gente sabe quem é, conhece a própria identidade, sem parar para pensar sobre isso por alguns (bons) instantes? É possível?

A resposta é não.

Seguir no automático é reproduzir o que esperam de nós, o que nos impõem desde pequenos. Por exemplo, se sou homem, não posso chorar, demonstrar sentimentos, ser sensível; se sou mulher, não posso ser extrovertida demais, nem decidida, muito menos negar a maternidade.

toHeaven

A negação da maternidade

— Ana Carolina Patton —

HISTÓRIAS DE TER.A.PIA **#9**

QUANDO GRAVAMOS com a Ana Carolina, logo no comecinho do canal, lá em 2018, sobre o fato de ela não querer ser mãe, foi algo que nos marcou muito. A Ana é prima de primeiro grau do Alexandre, e nem ele imaginava que ela poderia ter tanta clareza sobre essa decisão. Já a Ana não imaginava quão polêmico poderia ser seu posicionamento sobre maternidade compulsória e a romantização do "ser mãe". Tanto que nem foi o primeiro tema sobre o qual a gente conversou antes de gravar com ela. Tínhamos passado por vários outros; "como é sair da casa dos pais", por exemplo, já que a Ana tinha se casado havia pouco tempo e estava na fase de se tornar adulta de fato, com as responsabilidades e tudo mais.

No dia da gravação, ficamos horas na casa dela conversando e a ouvindo nos contar os detalhes da decisão de não ser mãe. Louça não faltou! No dia anterior, ela tinha recebido alguns amigos em casa e caprichou no empilhamento de pratos, copos e cumbucas na pia.

Para a gente foi ótimo! Era o comecinho do Ter.a.pia, e ela ter mergulhado na ideia da louça nos ajudou bastante a construir esse formato para o canal.

Depois da nossa conversa, que durou mais de uma hora, ninguém imaginava que se tornaria o primeiro viral da página. O vídeo em sua versão final, que tem menos de sete minutos, era o nono a ser publicado, e em uma semana já tinha cerca de 5 milhões de visualizações no Facebook. Ainda não tínhamos nem seis meses de vida como projeto. Além do número inacreditável de visualizações (uma vez que ainda não éramos ninguém nas redes sociais), centenas de milhares de compartilhamentos e muitos, muitos comentários. Centenas deles nada simpáticos, porque a Ana, além de não desejar a maternidade para si, o que para muita gente já é uma atitude condenável, é uma mulher que se impõe, firme nas suas palavras, decidida.

Onde queremos chegar com isso é: a Ana burlou a cultura de que mulher nasceu para ser mãe, tem que falar mansinho, ser delicada. A identidade dela foge do que se espera de uma mulher jovem. Mas ela nem sempre foi assim. Quando pequena, a Ana também brincava com bonecas e tinha o sonho de se casar e ter filhos. A negação da maternidade veio depois de ela entender o que era ser mãe nos dias de hoje e a responsabilidade que recai nos ombros da mulher – ela sendo casada ou não, o marido sendo um pai presente e ativo ou não.

> ***O homem dificilmente pensa no peso que é ter um filho. Mas o engraçado é que se perguntarem para o Jean se ele quer ter filhos e ele falar que não, ninguém vai questionar. Comigo é o contrário!***
>
> — ANA CAROLINA PATTON

Diariamente, a Ana é questionada por sua decisão de não ser mãe. Frases como “Você não vai saber o que é amor até ter um filho” são muito comuns. Basta ler os comentários do vídeo que você consegue ter dimensão do que ela passa no dia a dia.

Quando a Ana deixa de seguir no automático e sai do papel atribuído à mulher, é bombardeada de críticas. Algumas bem sérias e pesadas, como "Espero que seu marido te troque por outra, assim ele poderá ser feliz", até críticas ao seu jeito de lavar louça, tudo porque ela expressou publicamente que não queria ser mãe.

Esse comportamento nos comentários diz muito a respeito de como nossas identidades são reprimidas pela cultura que nos cerca. Inclusive a de quem ataca. Muitas vezes essa reação vem de pessoas que nunca chegaram a se questionar: "Eu realmente quero/quis ter filhos?", "Eu posso ser enfática no que eu quero?", "Minha esposa se casou comigo e pode não querer ter filhos?".

Provavelmente, essa falta de questionamento não é por maldade, mas por puro privilégio de conseguir se adequar ao que está proposto socialmente e, assim, poder ignorar a diversidade.

Um menino não vai ter grandes confrontos com sua identidade se ele, desde pequeno, gosta de jogar futebol, brincar de carrinhos e tem "jeito de homem"; logo, quando crescer, se nenhuma experiência fora desse padrão, que ele inconscientemente segue, acontecer em sua vida, ele certamente será alheio a questionamentos pessoais, afinal, está seguindo o que é socialmente considerado normal.

Quando a gente se adequa sem hesitar ao que está proposto, abre mão da nossa individualidade e deixa de criar outros repertórios, porque tudo o que está à nossa volta é igual ou muito semelhante ao que somos. Sem essas experiências, não temos como iniciar um processo de descoberta de quem realmente somos. Nossa subjetividade, ou seja, aquilo que é particular e individual da gente, é ocultada pelo que devemos ser, por como devemos nos portar e até mesmo em que devemos pensar.

Crescer em um ambiente machista muito provavelmente levará você a ter pensamentos desse tipo. Não é uma regra rígida, mas a probabilidade é bem grande, ainda mais se você não tem acesso a outras experiências de vida, outros repertórios e, principalmente, se não se abre para questionamentos. No entanto, se estiver disposto a ampliar seu horizonte para conhecer outras realidades, é possível aprender a conhecer mais de si.

Tanto que, na própria história da Ana, a gente encontra comentários muito positivos sobre tudo o que ela fala com relação ao seu desejo de não ser mãe. Das dezenas de milhares de comentários que essa publicação recebeu, um deles foi de um rapaz marcando a esposa e dizendo que aquela história o fez entender os motivos de sua companheira não querer ter filhos também. Não dá pra saber, mas talvez ele fosse resistente à decisão da mulher porque cresceu em uma família com tradições mais conservadoras nesse sentido ou conviveu apenas com mulheres que nunca questionaram a maternidade... Nunca saberemos! A única coisa que podemos afirmar é que, assim que ele se abriu para escutar alguém de fora da relação, ele expandiu seu entendimento sobre aquilo que achava natural. Isso o mudou. E isso é descoberta!

Os perigos de um relacionamento abusivo

— Caio Rincon (como Satine) —

HISTÓRIAS DE TER.A.PIA #35

UTRA HISTÓRIA muito marcante pra gente é a de Satine, uma drag queen que fala sobre relacionamento abusivo. Quem viveu um relacionamento abusivo, claro, foi o Caio, um homem gay, negro, que dá vida à Satine, sua personagem drag. Caso você não esteja habituado com o termo, é simples: drag queen é um homem (normalmente gay) que se veste com roupas extravagantes tradicionalmente associadas às mulheres e imita voz e trejeitos considerados femininos. Não é brincadeira, não é vontade de se tornar uma mulher, nem nada disso! É uma expressão artística que nasceu na comunidade gay.

Pois bem, o Caio mandou uma mensagem para o Lucas querendo contar sua história no Ter.a.pia. Ambos se conheciam da Gaymada, um evento LGBT que o Lucas organizou em São Paulo entre 2016 e 2019.

O que o Lucas jamais pensou era que o Caio iria querer falar sobre relacionamento abusivo, aliás, nunca imaginou que ele teria passado por aquilo. Eles não eram próximos, mas se acompanhavam pelas redes sociais, e aquela máxima "quem vê cara não vê coração" pode ser aplicada para o Facebook também: "Quem vê foto não vê relação".

No dia da gravação, quando chegamos na casa do Caio, ele nos recebeu como Caio mesmo e, enquanto montávamos nossos equipamentos, foi dar vida à Satine. Então, para fazer jus a quem nos contou a história, a partir de agora vamos nos referir ao Caio como Satine e usar os pronomes femininos. Mas não se esqueça: o relacionamento era entre dois homens gays.

A Satine viveu por cinco anos com outro rapaz. Eles se conheceram quando ela tinha 20 anos e tudo estava indo bem. Era um amor tão avassalador que, em seis meses de namoro, os dois foram morar juntos. O casal chegou até a criar uma empresa de acessórios e adereços para artistas drag queen.

Com o tempo, Satine foi percebendo que esse namorado começou a fiscalizar com quem ela conversava e com quem saía. Por ser drag queen, ela saía bastante à noite, apresentava-se em baladas, conhecia muita gente, e esse companheiro começou a limitá-la, fazendo com que ficasse em casa e a distanciando dos amigos. Nem os convites de Satine para ambos saírem juntos o rapaz aceitava.

Claro que toda essa situação não se deu do dia para a noite. Nunca é assim em relacionamentos abusivos; as coisas vão acontecendo às vezes aqui, outras vezes ali... No início, quem está na relação sequer enxerga esses pequenos detalhes. Raramente vê, na verdade. E foi o que aconteceu com a Satine: quando ela deu por si, estava vivendo apenas em função do namorado e da empresa que criaram juntos. Ela mal saía do quarto do casal. Nem se reconhecia mais, nem como Satine e muito menos como Caio.

Quando esse relacionamento foi ficando mais hostil, a Satine até tentou buscar no diálogo formas de voltar a ser algo saudável para os dois, mas, mais uma vez, em relacionamentos desse tipo, muitas vezes o outro até pede desculpas no momento de discutir a relação (DR), mas no dia a dia as coisas não mudam tanto. E foi o que aconteceu.

As DRs aumentaram, mas nada mudava, e a situação ficou problemática a ponto de esse ex desmerecer o trabalho da Satine na empresa dos dois, dizendo que ela não conseguiria fazer nada sem ele. Imagine sentir-se uma pessoa completamente inútil por causa de alguém que você ama? Sabendo que você tem capacidade de sobra para fazer seu trabalho? Apesar do peso de todas as falas, o ápice dessa relação conturbada foi a Satine ser trancada em casa pelo ex.

Esse vídeo nos surpreendeu de forma muito positiva (apesar do tema). Nosso público, demograficamente falando, é composto por mulheres entre 30 e 65 anos que não necessariamente se identificariam com um homem gay transformado em sua personagem drag queen, maquiado de forma extravagante (e aqui abrimos um parêntese, porque além da maquiagem, das unhas e das roupas femininas, a Satine estava usando dois brincos que simulavam bolas espelhadas de discoteca) falando sobre seu relacionamento abusivo. Mas, para a nossa surpresa, foi um sucesso trazer essa discussão para a página!

Ficamos surpresos ao ler algumas mulheres mais velhas, senhorinhas mesmo, compartilhando nos comentários suas vivências em relações abusivas, em como elas queriam ter aquela força, contando também seus processos de descoberta do amor-próprio ou como aquele vídeo as tinha inspirado e motivado a correr atrás de sua liberdade amorosa e sexual. Isso não é demais? A gente ama esse exemplo porque ele legitima o que falamos sobre nossa forma de existir no mundo estar atrelada ao que vivemos e experimentamos nele. Quando deixamos os braços e o peito abertos para que o outro faça parte da construção de quem somos, podemos descobrir coisas importantes que estavam silenciadas por algum motivo – e sem diversidade, isso é impossível!

Quando falamos que as pessoas compartilharam suas experiências de descoberta do amor-próprio é porque a Satine também teve esse momento depois de buscar ajuda para sair do relacionamento abusivo em que estava presa. Ela já não queria mais ser o que o outro desejava que ela fosse. Ela queria de volta sua autonomia, sua liberdade, sua independência. Mas, estando longe dos amigos por conta do companheiro, como seria possível fazer isso?

Para a Satine, a saída foi buscar ajuda profissional. Sua psicóloga não teve papas na língua quanto ao que ela estava vivendo naquele momento: era um relacionamento abusivo. Essa resposta foi, de certa forma, uma surpresa para a drag queen, porque ela sabia na teoria como funcionava esse tipo de relacionamento. Ela era daquelas que avisavam os amigos quando estavam entrando em uma fria dessas, mas estar dentro da situação são outros quinhentos. É questão de perspectiva.

> ***Quando você termina e começa a compartilhar essas situações com outras pessoas, percebe como isso é comum. Mas o amor não vai fazer você duvidar de si mesmo, em momento algum; ele não vai te fazer ficar para baixo em momento algum.***
>
> — CAIO RINCON (COMO SATINE)

Por exemplo, se ficarmos próximos demais da tela do celular, veremos vários quadradinhos coloridos, os pixels. Esses quadradinhos por si só não dizem muita coisa, mas, quando nos afastamos da tela, podemos perceber que a junção deles forma um desenho, uma letra... enfim, o que está de fato sendo mostrado na tela.

Não é diferente quando estamos inseridos em um contexto de relação abusiva. Isso porque os abusos não são evidentes; você está à mercê do outro pois já dividiu seus segredos mais íntimos, seus pontos fracos e suas vulnerabilidades. O abuso dentro de uma relação - seja ela amorosa, entre amigos ou familiares - acontece nos detalhes do dia a dia, na sutileza das ações e palavras do outro. Só quando alguém (que pode ser uma versão de nós mesmos) nos coloca para observar de um ângulo mais aberto é que podemos entender a dimensão dos problemas.

Com a ajuda da sua psicóloga e buscando reatar a amizade com seus amigos, Satine conseguiu encontrar o amor-próprio e perceber que relacionamento nenhum pode colocar você para baixo, desmerecer você. Amor tem que ser positivo, tem que ser construtivo! Sua independência não pode ser moeda de troca em uma relação.

Se você sentir que está em uma relação potencialmente abusiva, seja com seu companheiro, companheira, amigos, pais, irmãos ou qualquer outra pessoa em seu círculo mais íntimo, não hesite em procurar ajuda profissional!

O processo de se colocar no mundo

Agora, vamos praticar a empatia. Para além de conseguirmos descobrir quem somos através das histórias dos outros, vamos tentar nos colocar no lugar das pessoas, sem julgamento, e imaginar a sensação de quando elas começam a se autoconhecer?

O processo de autoconhecimento parece fofo quando vemos influenciadores fazendo dancinha no TikTok sobre o assunto, mas confrontar a si mesmo é uma das coisas mais corajosas e difíceis que podemos fazer. Imagine você descobrir, depois dos 30 anos, que não se identifica com o sexo biológico ao qual foi designado desde sempre? Ou que é autista?

Esses exemplos foram contados para nós, respectivamente, pela Jupat e pelo Fábio.

Não há momento certo para reconhecer-se trans

— Júlia Paterniani (Jupat) —

HISTÓRIAS DE TER.A.PIA #20

Nós nos sentimos muito chiques quando recebemos um e-mail de um assessor de imprensa com um *press release* (espécie de documento que os jornalistas usam para divulgar os produtos, as marcas ou seus clientes) contando a história da Jupat. Ela é uma mulher trans que começou seu processo de transição de gênero aos 30 anos. Também é cantora de rap, e foi na música que ela encontrou uma forma de enfrentar o mundo como mulher.

A rapper mora no interior de São Paulo, mas para a gravação ela foi lavar louça na casa de uma grande amiga dela aqui em São Paulo. Essa amiga, a Dani, acompanhou todo o processo de transição de gênero e a apoiou incondicionalmente durante todo esse tempo. Escolher a casa dela para gravarmos com a Jupat não poderia ter sido mais certeiro. Mesmo que ali não fosse sua casa, naquele ambiente ela se sentia realmente acolhida, segura, e para a gente isso é essencial!

Prezamos muito para que os convidados estejam nesse estado de espírito; não foi à toa que escolhemos gravar na casa dos convidados desde o começo. Sentir-se acolhido em um momento tão vulnerável como o de abrir seu coração sobre a história mais marcante da sua vida tem que ser feito da maneira mais humana possível. Sentimos isso logo que chegamos; segurando os equipamentos, subimos alguns lances de escadas estreitos e nos deparamos com um corredor longo e escuro no final do qual estava o apartamento dessa amiga, completamente destoante do corredor que tínhamos acabado de cruzar. Quando elas abriram a porta, o cenário mudou, a Jupat já estava com um sorriso lindo no rosto e o sol que invadia a janela contornava seus cabelos. Foi como paixão à primeira vista.

Toda essa ambientação fez com que ela abrisse seu coração para a gente de forma muito genuína. Ela nos contou que, além do rap e dos amigos, teve também o apoio essencial da ex-esposa, que desde o início da transição a acolheu de maneira carinhosa e entendeu sua identidade. Lembrando que, nessa época, anterior à transição de gênero, ela vivia uma relação heterossexual, já que ainda se entendia e se enxergava como homem e era casado com uma mulher.

Na verdade, se pensarmos bem, talvez a ex-esposa da Jupat tenha sido quem deu o empurrãozinho necessário para ela se autodescobrir, já que, depois de muito diálogo entre as duas, ela disse: "Você pode se aceitar como uma mulher porque eu te vejo assim".

Mas, se por um lado, o processo com a ex-companheira foi bem tranquilo, a aceitação dos familiares foi um pouco mais dolorosa. Aos olhos deles, Jupat estava jogando para o alto uma vida regada a privilégios para viver na marginalidade. O que de fato não é mentira, uma vez que a gente sabe que uma mulher transgênero tem expectativa de vida inferior a 40 anos, e que 90% dos casos, por conta do preconceito e da exclusão social, têm como única alternativa a prostituição ou trabalhos considerados "subemprego".

Mas Jupat estava em uma posição privilegiada. Ela é formada, funcionária pública concursada, estava casada, já tinha 30 anos e sua transição de gênero teve como principal barreira a quebra de muitos estereótipos, um deles reproduzido até mesmo pela comunidade LGBTQIA+: de que a transexualidade tem que ser reconhecida pela pessoa logo na infância. Do qual Jupat discorda. E a gente também.

> ***Até hoje, as pessoas querem encontrar padrão dentro das pessoas trans. Até na transgressão dos padrões tem que ter padrão.***
>
> — JÚLIA PATERNIANI (JUPAT)

Sim, muitas pessoas trans sabem que há algo diferente, fora da norma, desde pequenas. Mas lembra do que falamos sobre nossa identidade ser um reflexo do meio em que estamos e como isso suprime nossas possibilidades? Pois bem, esse é um dos motivos da transição tardia de muita gente. Há inúmeros fatores para que isso aconteça, e com certeza a falta de representatividade é um deles.

A Jupat precisou de muita força para não se balançar com as invalidações externas, que aconteceram antes, durante e após a transição. Nesse processo de encarar o que fosse preciso para respeitar sua própria existência, ela se viu sozinha dentro de casa e nos contou sua sensação de "transbordamento da existência". Foi através da música que ela enxergou a possibilidade de contar para o mundo aquilo que estava guardado por 30 anos – tão guardado que nem ela tinha se questionado. Foi aí que Jupat pegou uma caneta e nasceram as músicas que estão no álbum *Toda mulher nasce chovendo*, o primeiro de sua carreira.

E lembra do acolhimento da ex-esposa? Esse colo foi tão importante para a Jupat que mesmo sem estarem juntas, casadas, hoje elas mantêm uma relação de amizade, e essa ex-companheira está presente no disco que a rapper lançou.

AUTISTA

A liberdade de ser quem se é

— *Fábio Sousa* —

HISTÓRIAS DE TER.A.PIA **#50**

PODERÍAMOS FALAR AQUI sobre como descobrimos a história do Fábio, sobre o fato de ele preferir gravar em seu ateliê e lá não ter louça, ou sobre como ele acabou lavando seus pincéis na pia da copa, que não tinha itens de decoração típicos de uma cozinha, mas, sim, muitos bonecos de pelúcia feitos por ele próprio. Mas a história do Fábio começa muito antes, na barriga da mãe. Desde a gestação ele era diferente. Era um bebê que não se mexia muito, então o médico de sua mãe disse que ele era preguiçoso. Aos três anos, ele não falava nem andava, e o veredito do pediatra foi o mesmo: criança preguiçosa. Afinal, quem discutia sobre Transtorno do Espectro Autista (TEA) nos anos 1970? Por isso, ninguém nunca olhou para as peculiaridades do Fábio com um olhar humano. Nem mesmo na escola, onde o garoto tinha muitas dificuldades em matemática, por exemplo – o que mais tarde ele entendeu ser discalculia, muito comum em pessoas autistas. Aliás, a falta de informação e conhecimento sobre autismo é o principal motivo pelo qual a condição ainda é vista com muito preconceito e por haver muitas pessoas adultas recebendo diagnósticos tardios, assim como o Fábio.

> *É legal conviver com pessoas iguais a você e ver que não precisamos de uma solução, porque somos perfeitos.*
>
> — FÁBIO SOUSA

Quem percebeu que ele tinha muitas características do espectro autista foi sua esposa, Elisangela, anos depois de casados. Ela estava grávida do Gustavo, primeiro filho deles, e, em uma pesquisa sobre assuntos relacionados a bebês, se deparou com informações sobre o transtorno. A alta sensibilidade do Fábio a luz e sons, sua rotina metódica e sua alta capacidade visual foram algumas das características que ela percebeu se encaixarem no espectro autista. No início, ele negou e até ficou bravo pela insinuação dela, mas, depois de alguns meses e muito estudo (que até hoje não cessou), Fábio entendeu que a explicação para todas as suas particularidades era essa: ele é autista.

O diagnóstico veio como um choque, foi como um processo de luto, e o novo Fábio precisou reconstruir quem ele realmente era. Como dissemos, autoconhecimento não é algo doce e fácil de se experimentar; é bastante difícil, é mudar muitas estruturas da base de quem você é (ou achava que era). Depois desse período de questionamento e ressignificação, Fábio passou a dedicar muito do seu tempo a estudar, conviver com outros autistas e escrever muito sobre esse assunto.

E olha como o destino é engraçado: todo mundo olhava para as dificuldades do Fábio e, ao mesmo tempo, todos ignoravam suas qualidades – que são inúmeras. Uma delas é a criação dos seus bonecos. O menino que tinha dificuldade em matemática, que era questionado por suas diferenças, encontrou na arte um jeito de não se sentir alheio ao mundo. Já adulto, o Fábio se sente pertencente porque sabe quem é de verdade.

Esse processo de se entender foi tão libertador para o Fabio que ele quis compartilhar com a gente ali na beira da pia. O que mais nos emocionou foi que, em muitos momentos da gravação, percebemos que ele estava muito tímido. Ele chegava a suar de tão nervoso, mas enfrentou esse sentimento com o objetivo de levar a outras pessoas a importância do nosso olhar para nós mesmos, um olhar que nos transforma e nos liberta de amarras impostas.

Você já deve ter imaginado que o vídeo gerou muita identificação, né? Já passa de oito milhões de visualizações! Fábio sempre foi muito engajado na "causa autística", como ele mesmo diz, mas, após ter sua história viralizada no Ter.a.pia, se tornou uma figura muito importante nas discussões desse tema tão delicado que ainda é um tabu.

A gente trouxe essas duas histórias como exemplo de autodescoberta, mas é claro que você deve estar questionando: "Ué, eu não tenho nenhuma questão com minha identidade de gênero ou referente a neurodiversidade". A gente imagina que é possível que esses assuntos estejam um tanto distantes da sua vivência pessoal, e tudo bem. Esses são exemplos que reforçam dentro de nós uma pergunta que nos acompanhará a vida inteira: "Quem sou eu?". O que nos encanta é entender que a resposta sofre alterações ao longo da nossa jornada e é muito valioso seguir em busca de quem somos.

Primeiro de tudo, é importante entender que não é porque uma pessoa já tem determinada idade que ela está engessada naquilo que se tornou até aqui. Nem tudo precisa ser descoberto ou experimentado quando somos jovens. Grande parte das coisas é conhecida na juventude, mas isso não é uma regra. Jupat e Fábio são a prova do que estamos falando. É importante conhecer essas vivências para deixar um pouco de lado nossos preconceitos quando encontramos pessoas mais velhas ou "adultos por inteiro" (como costumamos rotular em nossas conversas, que são justamente essas pessoas que passaram dos 30 anos e que todo mundo enxerga como adultos) conhecendo novas formas de viver suas vidas.

MINHA
IDADE
NÃO ME
MINHA
NÃO ME

Envelhecer não é sinônimo de estagnar

— Sylvia Loeb e Carla Leirner —

HISTÓRIAS DE TER.A.PIA **#141**

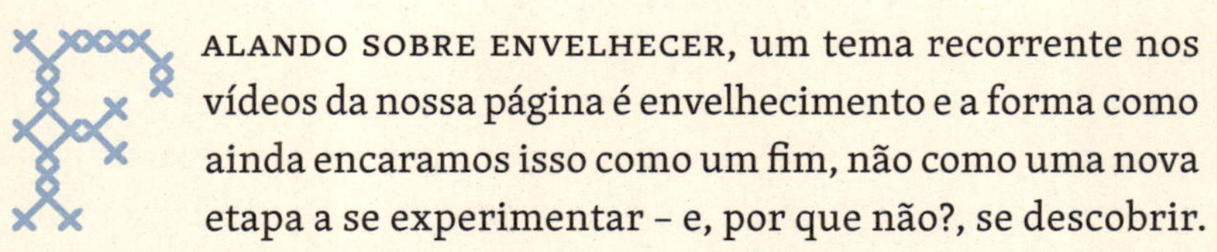

FALANDO SOBRE ENVELHECER, um tema recorrente nos vídeos da nossa página é envelhecimento e a forma como ainda encaramos isso como um fim, não como uma nova etapa a se experimentar – e, por que não?, se descobrir.

A gente sempre observava a Carla e a Sylvia pelas redes sociais, até que bateu aquela vontade de conhecer mais sobre a história delas. Como de costume, nós nos convidamos para ir até a casa delas e colocá-las para lavar uma loucinha. É de praxe!

Elas são mãe e filha que estão envelhecendo juntas. Uma tem 77 anos e a outra, 58, e esse processo está sendo de muito aprendizado para as duas!

A mãe, Sylvia, é psicanalista e atua até hoje em sua profissão; além disso, há mais de dez anos tem um blog chamado *Escritora no divã*, que virou o *Minha idade não me define*, um projeto de criação de conteúdo para as redes sociais.

Ela sempre foi muito ativa, e só foi perceber a velhice por conta do surgimento de algumas rugas há alguns anos, quando estava com a idade atual da filha. No começo, a ficha demorou para cair. Não tem discurso que se sustente ao encarar o envelhecimento nu e cru na frente do espelho. É normal. Em vez de se lamentar pelo que é inevitável, ou melhor, em vez de ficar se lamentando para sempre pelo que é inevitável, a Sylvia percebeu que, mesmo tendo menos tempo de futuro do que teve de passado, não poderia parar! E aproveitar a velhice tem sido algo delicioso para ela.

Podemos ficar tristes, deprimidas, mas não podemos perder tempo com isso. É besteira! Temos vida pela frente! Temos sexualidade, interesse, curiosidade... Temos que fazer projetos, porque há futuro e devemos aproveitar esse tempo com qualidade.

— SYLVIA LOEB

Carla, por sua vez, vendo a mãe envelhecer, foi descobrindo que o caminho que a Sylvia escolheu seguir, com autoestima, sexualidade e bom humor, também poderia se aplicar a ela, mesmo que ainda não seja considerada uma mulher idosa.

É justamente essa ideia de estagnação ao chegar a determinada idade que nos deixa atormentados. Parece que a forma de criação rígida que a maioria dos pais têm, no sentido de não deixar a criança explorar o universo das possibilidades de ser, nos marca de tal maneira que a gente leva essa rigidez até a velhice. Se na infância são os outros que nos podam, quando envelhecemos, nos tornamos os jardineiros que cortam as possíveis ramificações da nossa própria identidade.

Temos muitos exemplos disso em todos os cantos. É só pensar em seus avós: você lembra deles ativos, fazendo planos, criando metas ou apenas vivendo uma vida de vovô e vovó, em casa, ou até mesmo sendo privados de ter autonomia?

É comum histórias de avôs ou avós que ficaram muito mal quando se aposentaram, porque acharam que a vida não tinha mais sentido. Como se a vida deles fosse apenas nascer, crescer, trabalhar, ter filhos e só! Essa ideia, além de ser mais comum do que achamos, é horrível! Essa mentalidade nos mata antes mesmo de partirmos deste plano. Por isso vemos tantas pessoas idosas deprimidas, sentindo-se descartadas – e muitas vezes sendo descartadas mesmo.

Mas, como aprendemos com a história da Sylvia e da Carla, apesar de, por questões biológicas, envelhecer não ser um mar de rosas, aproveitar cada minuto do seu tempo é o que mais vale a pena! Elas mesmas aproveitaram para criar um projeto de futuro para as duas. A Sylvia já tinha o blog há mais de dez anos e, hoje, junto com a filha, cria conteúdo para as redes sociais. As duas são blogueiras que estão reinventando a velhice, e tem muito assunto nesse universo para ser discutido! Você acha que elas imaginavam que seriam influenciadoras? Com certeza, não! Mas o fato de não pararem as levou para esse caminho de troca com outras pessoas que vivem o mesmo momento que elas. A gente sentiu que todo esse processo aproximou ainda mais as duas. Você se enganou se achou que os 77 anos da Sylvia poderiam impedi-la de lavar alguns pratos. Ela comandou a pia enquanto a Carla lhe fazia companhia. As duas se completaram ao dividir como enxergam a velhice e se divertiram bastante. Nem todo dia é um mar de rosas, mas ao falar de quando bate a tristeza, a Sylvia olha bem nos olhos da filha e confessa que o que a conforta é uma barra de chocolate. As duas caem na gargalhada e a gente atrás da câmera também não consegue conter o riso. Quem não tem sua *comfort food*, aquela comidinha que ajuda a lidar com os pepinos que aparecem no dia a dia ou com nossas crises existenciais? Chocolate, inclusive, deve estar no topo da lista de muita gente – incluindo nós dois.

Esse posicionamento das duas também gera críticas externas; parece que o ato de se aceitar incomoda alguns. Não é nesse momento que Sylvia abaixa a cabeça. Sem tirar o sorriso largo do rosto, ela nos conta que já ouviu muitas perguntas como: "A senhora não fica cansada? Se eu fosse você, descansava um pouco" ou "E esse cabelo seu?". Mas, apesar dos pesares, Sylvia sabe que isso é etarismo, preconceito contra pessoas mais velhas. Durante essa fala na gravação, é engraçado que ela de repente larga a bucha dentro da pia e pergunta para a filha se isso é inveja. As risadas voltam a tomar conta da cozinha e até a neta, que estava no cantinho ouvindo a conversa entre mãe e filha, abre um sorriso com olhar de admiração. Quem faz parte de um grupo minorizado e excluído, como as pessoas idosas, ouve diariamente esses comentários ácidos, preconceituosos e até mesmo dolorosos, e o bom humor, às vezes, é uma ferramenta que ajuda a combater esse tipo de pensamento atrasado. E isso Sylvia e Carla têm de sobra!

O envelhecimento pode ser ativo e trazer novas descobertas sobre si mesmo. Quem disse que pessoas velhas não podem experimentar novas relações, amores, profissões, ou que não podem estudar novamente, adquirir novos hábitos e se aventurar em experiências, até mesmo as sexuais?

Quem sabe o seu eu velho não retoma hábitos que foram podados de você lá na infância? Não é por acaso que escolhemos as palavras "podar" e "jardineiro" para o exemplo das limitações que nos são impostas e que também nos impomos com frequência. O ato de podar plantas (o trabalho do jardineiro) é tirar algumas folhas e galhos, mas esse trabalho precisa ser recorrente, porque as plantas são vivas e, mesmo as cortando, elas voltam a crescer. Com gente é a mesma coisa. Podemos até ser podados (ou nos podarmos), mas somos vivos, e com o tempo aquele pedaço retirado pode crescer novamente, e quem sabe ele não se torna mais florido do que o restante?

E aí entra o nosso segundo ponto sobre esse assunto. Não necessariamente essas novas formas de viver a vida são mudanças drásticas, como o reconhecimento de uma nova identidade de gênero ou a descoberta de um transtorno de desenvolvimento neurológico. Às vezes, é descobrir que você passou a vida toda tomando vinho no domingo da macarronada em família, porque seu pai sempre foi um apreciador dos tintos, mas na verdade você prefere tomar cerveja enquanto come macarrão; ou que você sempre votou em determinado partido, mas em dado momento (com a influência de pessoas à sua volta) percebeu que seu direcionamento político era outro. Este caso, inclusive, aconteceu com uma pessoa próxima a nós e consideramos ser uma descoberta importante.

Outro exemplo, mais pessoal, foi algo que aconteceu recentemente com o Lucas. Quando se descobriu gay e começou a vivenciar sua sexualidade, por volta dos 20 anos, ele começou a usar roupas mais femininas, deixou o cabelo crescer, pintava as unhas, usava brincos e maquiagem. Nada disso tinha a ver com a sua identidade de gênero, era mais relacionado à sua expressão de gênero, que, em uma explicação bem simplista, é como você se mostra ao mundo por meio de roupas, cabelo e trejeitos.

Por ter uma experiência traumática com os homens de sua família e a sociedade em geral, ele queria se distanciar daquela masculinidade que enxergava como tóxica, queria romper com essa expressão de gênero máscula. Mas agora, aos 28 anos, com acompanhamento de sua psicóloga, ele descobriu que, na verdade, a masculinidade que ele repeliu anos atrás era só pelo trauma dessas relações ruins, porque ele se sente melhor apresentando uma expressão de gênero mais masculina.

No período da vida dele que foi do começo dos 20 anos até seus 26, 27, aos poucos ele foi deixando de lado as saias que usava, os brincos, as maquiagens, cortou o cabelo... Seu guarda-roupa mudou quase completamente em dois ou três anos. Seu jeito de se expressar mudou. Isso é um problema? De jeito nenhum! É o processo de descoberta da identidade dele.

A mudança nem sempre significa negar o passado, mas, sim, aceitar que a vida é feita de movimento. O importante nisso tudo é se permitir fluir em sua identidade. Perceber que, enquanto estamos vivos, passamos por transformações e mudanças. Nem sempre teremos os mesmos objetivos, gostos e propósitos, e isso não é estar perdido, apesar dos julgamentos e dedos apontados por todo lado. Enquanto estivermos vivos, vamos nos transformar em uma versão atualizada de mesmos. A questão que fica é: quão aberto você está para conhecer a si mesmo?

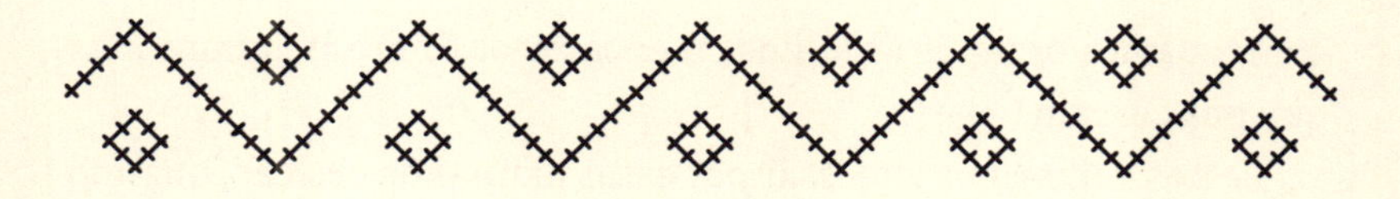

É tarde para descobrir quem sou?

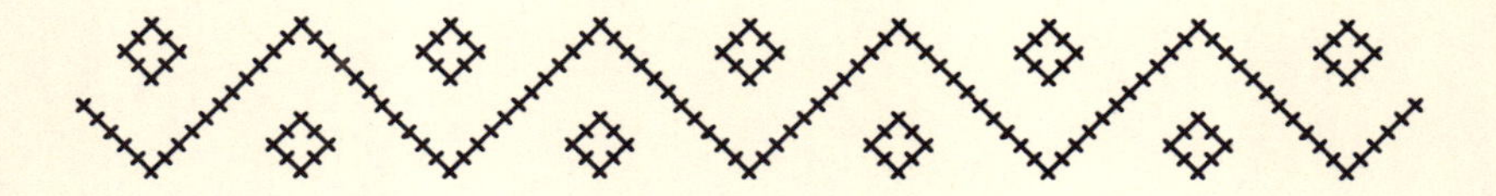

Quem nunca teve hábitos, desejos e gostos podados de alguma forma por pai, mãe ou parentes próximos durante a infância que atire a primeira pedra! É nessa fase da vida que estamos formando nossas principais características, o que é comprovado por diversas teorias da psicologia mundo afora. E talvez seja por isso que os adultos temam que tenhamos comportamentos que não os agradem. Mas acreditamos que essas particularidades, como dissemos antes, são desenvolvidas de acordo com o meio onde estamos vivendo e podem, sim, ser transformadas com o passar do tempo. O importante para isso de fato acontecer é estarmos abertos a mudanças, senão viveremos como os cavalos de montaria, com uma visão limitada do que está acontecendo ao redor, olhando só para a frente, evitando distrações e se mantendo na direção "correta" – o caminho socialmente aceito e culturalmente estipulado.

Só que, diferente dos cavalos, tadinhos, que são obrigados a usar essas viseiras chamadas de antolhos, nós temos uma infinidade de caminhos, opções, oportunidades, possibilidades, chances... chame como quiser. Nós os temos. O que fazemos com isso é o que realmente conta: vamos botar os antolhos ou encarar os diferentes caminhos que nos cercam?

Se nos deixarmos engessar por essas manias da criação, quando formos idosos, vamos ficar estagnados em ideias que não nos deixam viver o tempo que temos da maneira mais proveitosa. Ser quem você realmente é não tem hora, não tem tempo cronometrado, não tem jeito errado nem certo. E nunca será tarde para descobrir quem se é!

2
PROPÓSITO

Propósito como pacto coletivo

O que é propósito para você? De acordo com o *Dicionário Priberam da língua portuguesa*, propósito é tomada de decisão, aquilo que se pretende alcançar, realizar, ou uma finalidade. É claro que a gente concorda com essas definições – quem somos nós para discordar –, mas, enquanto escrevíamos este capítulo, perguntamos a alguns amigos se para eles propósito tinha resultados individuais ou coletivos. Não nos surpreendeu que as respostas pendessem mais para o lado individualista da coisa. Não surpreendeu, mas nos frustrou, porque para nós dois, Alexandre e Lucas, propósito tem a ver com coletividade, com o que devolvemos de transformador para o mundo, nosso legado.

Nossa ideia é bem diferente da de muita gente por aí. Quando você busca no Google a palavra "propósito", encontra fórmulas, metodologias, vídeos com ensinamentos, táticas, frases de efeito, dogmas... Para nós, isso tudo tem mais a ver com objetivos de desenvolvimento pessoal e as metas que você escolhe traçar para sua vida como indivíduo do que com propósito de fato. Aliás, pesquisar "propósito coletivo" também é assustador, porque, nos artigos apresentados nos resultados da pesquisa, propósito e coletividade só andam juntos se você tiver o mesmo objetivo de outra pessoa. O que... ok, é muito legal dividir um propósito com alguém ou encontrar pessoas com um propósito semelhante ao seu. Mas o propósito não se trata (ou pelo menos não deveria) de dividir sonhos, mas, sim, multiplicá-los.

Uma palhaça a serviço das pessoas

— Mônica Malheiros (como Solenta Sonada) —

HISTÓRIAS DE TER.A.PIA **#63**

VIRA E MEXE, nós lembramos quando a Carol, uma grande amiga que trabalhou com a gente, chegou em um dia qualquer e comentou que havia encontrado a pessoa perfeita para contar uma história na página. Ela tinha acabado de descer de um carro de viagem por aplicativo, em uma dessas modalidades que você divide a corrida com alguém, e na dela conheceu Solenta, uma palhaça que estava gravando vídeos dentro do carro! A maluquice não para por aí: Solenta conversava - e gravava - com o motorista, depois foi fazer perguntas para a Carol. E, por mais que você possa pensar que foi uma abordagem invasiva, todo mundo estava adorando aquela interação. E olha que a Carol sequer pegava essa modalidade no aplicativo, então essa primeira experiência dela foi para lá de inusitada.

Então, essa nossa amiga se lembrou da gente por conta dessa personagem irreverente com quem ela dividia a corrida, pegou o contato dela e nos passou. Pouco tempo depois, estávamos na casa de Solenta. Ou melhor, da Mônica Malheiros, que dá vida à palhaça.

Mas no caminho, antes de chegar lá, o celular do Lucas tocou com uma mensagem da Mônica. Ela nos perguntou se tínhamos alguma instrução importante sobre a gravação, porque não seria ela que nos receberia, e, sim, a Solenta. Ela deixou claro que Mônica é quem cuida das regras rígidas, Solenta é mais do sentir. E foi isso que aconteceu: tocamos a campainha e fomos recebidos com muita alegria e, pela primeira vez em toda a história do projeto, por uma palhaça.

Enquanto a Solenta lavava louça, descobrimos o significado do Ponto V, o Ponto Vida. No meio da história, gravada em um desses sobradinhos típicos da região de Moema, a Solenta nos contou que é acompanhante palhacêutica (uma espécie de terapia com palhaço) e que seu propósito era encontrar o Ponto V das pessoas através do seu trabalho. Tudo começou há mais de dez anos, quando ela quis trabalhar com aqueles que passavam por algum tipo de sofrimento físico ou psicológico. Era o jeitinho dela de realizar uma espécie de "Palhaços Sem Fronteiras" particular, de ser uma palhaça a serviço de quem mais precisava.

Com esse desejo ganhando forma, surgiu a possibilidade de fazer parte da equipe multidisciplinar do Programa de Assistência Domiciliar do Hospital Universitário da USP, que presta assistência a pacientes realizando visitas periódicas. As visitas da Solenta giravam em torno das memórias e do resgate de histórias da vida dos pacientes, um momento muito especial para ela e para todos que puderam ter sua companhia. Em nossa conversa, Solenta nos contou que um dos seus principais visitados era o seu Geraldo, um senhorzinho espanhol que sentia muita dor e, por conta disso, gemia muito. No primeiro encontro deles, ela começou a falar espanhol e foi quebrando o gelo com esse senhor, perguntando na saída se poderia voltar a vê-lo. Seu Geraldo respondeu, em espanhol: "Vuelve cuando quieras!" (Volte quando quiser!). Com isso, Solenta se lembrou de uma música do Carlos Gardel, também em espanhol, chamada "El Día Que Me Quieras" e começou a cantar para o seu Geraldo.

Quando ela viu, ele mesmo estava cantando a plenos pulmões, e sua voz tomou todo o quartinho onde ficava na casa. Era outro seu Geraldo, não mais aquele senhorzinho debilitado. Era um Geraldo que brilhava por ter seu Ponto V atingido.

Acessar o Ponto V das pessoas acessa o meu conjuntamente. Eu vejo a pessoa brilhar e fico num estado de "transbordamento" de amor.

— MÔNICA MALHEIROS (COMO SOLENTA SONADA)

Ver as pessoas brilharem é o propósito que a Solenta encontrou para a vida dela. Você percebe como é algo que ela devolve para o mundo? Foi através da arte *clown* que encontrou uma de suas identidades, e é também com essa arte que ela entende a importância de se conectar com os outros.

Vale lembrar que essa conexão não busca algum tipo de retorno pessoal, uma recompensa, uma estrelinha na testa ou um pedacinho do paraíso. Todo esse transbordamento de amor ao ver uma pessoa brilhar, crescer emocional e fisicamente (já reparou como a postura de uma pessoa muda quando você a elogia, por exemplo? Experimente! Ela visivelmente cresce porque não espera por aquela gentileza) pode ser consequência de toda a sua doação, mas a conexão é genuína, é pelo outro, não uma meta a se alcançar ou algo do tipo: "Esta semana vou fazer cinco visitas".

Propósito está relacionado com encontrar sentido em sua passagem por esse mundão, e esse sentido não é uma via de mão única, é uma mistura de rotatória com cruzamento e trevo rodoviário somado às saídas de túneis e viadutos.

Mãezona
da Porra

Cuidando de quem cuida

— Andréa Werner —

HISTÓRIAS DE TER.A.PIA **#110**

COMO DESCOBRIR o meu propósito? Todo mundo já deve ter se feito essa pergunta algumas vezes na vida. Nas pesquisas que mencionamos anteriormente, há fórmulas e questionários para você descobrir o seu propósito, mas... mais uma vez, a gente não enxerga dessa forma. Propósito nasce de um incômodo pessoal, de algo que, a princípio, é muito particular e, quando você vê, está transformando a vida de outras pessoas ao seu redor. É o impacto coletivo de que falamos.

Uma analogia bacana para pensar em como incômodos pessoais podem se transformar em propósitos é a formação de uma pérola. Você já deve ter ouvido falar que as ostras produzem as pérolas quando algum corpo estranho entra no molusco. Isso acontece porque o mecanismo de defesa da ostra vai envolvendo esse grão de areia (ou outro intruso) com várias camadas de células epidérmicas, as quais produzem camadas de nácar, originando a pérola.

Com a gente pode acontecer o mesmo, no sentido da transformação. Dependendo de como você enxerga e lida com algum incômodo pessoal, isso pode vir a se tornar seu propósito, como aconteceu com

Andréa Werner, ativista pelos direitos de pessoas com deficiência e das mães de pessoas com deficiência, que muitas vezes são esquecidas e negligenciadas pelo poder público e pela sociedade.

Nós acompanhamos a Andréa há algum tempo e nos aproximamos mais de seu trabalho quando ela se candidatou a vereadora da cidade de São Paulo, em 2020. O Lucas acompanhava o trabalho do coordenador da campanha dela, o Samir, no Twitter, e enviou um convite por ele para que ela contasse sua história para o Ter.a.pia. Apesar da agenda cheia de compromissos em meio a uma campanha eleitoral, ela topou e foi super querida ao nos receber na casa dela para lavar uma loucinha, ainda mais porque era finalzinho de 2020 e a pandemia da covid-19 no Brasil continuava descontrolada e sem rumo. A gente também estava voltando às gravações presenciais, uma vez que ficamos de abril a novembro de 2020 gravando as histórias via chamada de vídeo. A Andréa foi a primeira ou segunda gravação dessa volta às visitas presenciais e, para esse momento, adotamos todos os protocolos de segurança possíveis, pois era um momento de muito cuidado.

Equipados de máscaras, propés, álcool líquido, álcool em gel e *face shield* em mãos (e no rosto), chegamos à casa dela. Apesar de toda a tensão dos protocolos, quando ela abriu a porta, fomos contagiados pela recepção canina cheia de amor do Charlie e da Lola, os golden retriever preto e caramelo dos quais ela é tutora. E para nós é sempre assim: se somos bem recebidos pelos cachorros da casa logo de cara, o resto é fichinha!

A Andréa é jornalista por formação e, bem antes de entrar para a política institucional, se deparou com um grande desafio na vida. Em 2010, ela e seu marido receberam o diagnóstico de que o Theo, filho deles, era autista.

Primeiro neto de ambas as famílias, Theo era o xodozinho de todo mundo e até o primeiro ano de idade se desenvolveu como qualquer criança. Aos cinco meses ele falou papai, aos seis falou mamãe, mas, perto de completar um ano de idade, a Andréa começou a perceber algumas coisas no comportamento dele. No primeiro aniversário do Theo, ele não bateu palmas, e era algo que ele sabia fazer. Também começou a não responder aos chamados dos pais, ficou mais sério – comparado com o bebê risonho que ele sempre tinha sido –, mas, até aí, a Andréa e o marido atribuíram o comportamento a uma personalidade forte.

Quando ele começou a frequentar a escolinha, as professoras contataram a Andréa e o marido para falar sobre o comportamento do Theo. Em um relatório que haviam feito sobre ele, elas diziam que o menino não interagia com os colegas, preferia os brinquedos às pessoas e tinha fixação por objetos que giravam. Andréa entendeu que elas estavam insinuando que o garoto era autista. Naquela época, ela não sabia absolutamente nada sobre o assunto, mas procurou um neuropediatra que, na primeira consulta, fez o diagnóstico: o Theo era realmente uma criança autista.

A dor da notícia foi algo bastante marcante na vida dela, e, apesar de ser dividida com o marido, continuava a ter características particulares. Isso porque ela idealizava a vida do filho de uma forma, como qualquer mãe ou pai, e o diagnóstico do Transtorno do Espectro Autista (TEA) levou ralo abaixo qualquer expectativa de que essas idealizações realmente aconteceriam. Era preciso reformulá-las, mas, naquele momento, nem ela nem o marido estavam em condições de pensar nisso. Eles estavam passando pelo luto dos planos maternos e paternos que morriam ali naquela consulta.

A dificuldade de Andréa em aceitar o diagnóstico em grande parte era consequência de ela não conhecer nenhuma criança autista nem famílias com crianças autistas. Na verdade, ela não tinha nem proximidade com alguém com qualquer tipo de deficiência.

E aqui a gente entra em uma realidade muito sofrida, porque essas pessoas e suas famílias são invisibilizadas pela sociedade. Você se lembra de ter estudado com alguém com qualquer tipo de deficiência? Havia pessoas com deficiência no seu bairro? Elas brincavam com você no recreio ou na rua? Muito provavelmente não. Foi o mesmo com a Andréa.

Essa falta de convívio pegou em um ponto muito dolorido, porque, após o diagnóstico, ela se viu desamparada. Por mais que sua família fosse extremamente próxima e acolhedora, ninguém além do marido dela entendia pelo que ela estava passando naquele momento.

Dois anos após o diagnóstico do Theo, em 2012, a Andréa criou um blog chamado *Lagarta vira pupa*, inspirado em uma música do programa infantil *Cocoricó*, que o Theo adorava. No blog, ela começou a compartilhar suas experiências com a maternidade atípica. O primeiro texto que escreveu, falando justamente sobre o diagnóstico, teve mais de 200 compartilhamentos no Facebook, o que na época a surpreendeu muito, já que o blog era totalmente despretensioso. Ao mesmo tempo, ela percebeu que não havia um espaço na internet (ou fora dela) para as mães atípicas, seja de filhos autistas, como a Andréa, ou de crianças com outras deficiências.

Porque ela abriu essa porta de diálogo, e troca de experiências, o blog começou a receber muitas mensagens de mães no Brasil e mundo afora que se identificavam com seus relatos e que também dividiam suas histórias. Ali ela começou a ver quão negligenciadas são essas mães e essas crianças e a forma como a sociedade enxerga o cuidado apenas como fruto de amor, e não como um trabalho. E quando estamos falando de cuidado a crianças com deficiência, esse trabalho muitas vezes triplica, quadruplica.

A partir do momento em que essas histórias chegaram ao seu conhecimento, a Andréa começou a abrir os olhos para algo que extrapola a vivência pessoal dela como "mãe de um garoto autista". Tudo o que ela vivenciou, seja de preconceito ou questionamentos internos, Andréa entendeu que também acontecia com as outras mães: filhos não aceitos em escolas, olhares tortos em lojas, romantização da deficiência (sem contar o que ela não chegou a sentir na pele, como abandono dos parceiros e de familiares).

Com essa consciência, ela começou a criar eventos inclusivos e a lutar pelos direitos das crianças com deficiência e suas mães, e isso a fez chegar na política institucional. Ela começou a ir em assembleias legislativas e participar de audiências públicas, até que se filiou a um partido político para disputar uma vaga como deputada federal, em 2018. Apesar de não se eleger, recebeu mais de 43 mil votos, mostrando a necessidade e a importância de acolher essa parcela da sociedade que não se vê representada por ninguém.

> *Com os 43 mil votos que recebi em 2018, eu percebi que o trabalho de acolher, ouvir e informar essas mães faz diferença e mostra a importância da representatividade.*
>
> — ANDRÉA WERNER

Em 2020, ela se candidatou a uma vaga de vereadora na Câmara Municipal de São Paulo, mas novamente não se elegeu. Mas isso não a desanimou; seu propósito não se apaga por conta da não eleição, ele é maior do que um cargo que ela possa assumir (mesmo agora, eleita como Deputada Estadual por São Paulo, nas eleições de 2022). Acolher, informar e lutar pelo direito dessas mães e seus filhos é o que move a Andréa. No mesmo ano, seu blog se transformou no Instituto Lagarta Vira Pupa, com o objetivo de levar orientação e suporte material, jurídico e médico para famílias atípicas, além de realizar eventos inclusivos e mobilizar ações por políticas públicas.

A história da Andréa, do Theo e, consequentemente, do Lagarta Vira Pupa sintetiza muito bem o que a gente acredita sobre o propósito nascer de um incômodo pessoal e se tornar algo para o mundo, não só para si. O diagnóstico do autismo de Theo foi o grão de areia que entrou na ostra da vida da Andréa, e ela transformou isso tudo em uma linda pérola que reluz para todos.

Seja a mudança que você quer ver no mundo

— Eliana Toscano —

HISTÓRIAS DE TER.A.PIA **#153**

QUANTAS VEZES você já ouviu que nós podemos fazer a diferença no mundo? Isso virou um clichê tão grande que fica até difícil acreditar. Entrou para a lista de frases de efeito que não geram mais efeito algum. Isso pode ter acontecido porque ela passou a ser repetida de forma vazia por muitas pessoas.

Por mais que no Ter.a.pia acreditemos no potencial da humanidade, por mais que sejamos muito positivos em relação a tudo, às vezes torcemos o nariz para esses clichês que beiram a positividade tóxica. É difícil acreditar que "está tudo bem" ao observar para onde estamos caminhando como sociedade. Crise climática, desigualdade social, discriminação, guerras... a lista não é pequena, a gente não pode deixar de ter consciência disso e não dá pra ser Poliana nessas horas. Entretanto, com as histórias que conhecemos através da página, entendemos que dá para enxergar o copo meio cheio sem apelar para esse lado exagerado e supérfluo da positividade tóxica.

Por exemplo, em uma tarde ensolarada de sábado, essa ideia de que podemos ser a mudança no mundo voltou para nossa vida com outro peso. Pegamos a estrada em direção a Poá, cidade da Grande São Paulo, a fim de colocar Eliana Toscano para lavar louça. Apenas tendo em mente o resumo da história que ela nos enviou, sabíamos que seria algo grandioso.

Um parêntese: a gente sequer havia estacionado o carro quando a vizinha da Eliana nos reconheceu, contou que amava ouvir as histórias e ficou animada em saber que alguém tão próximo a ela participaria do Ter.a.pia. Ela já conhecia a potência da história da Eliana. Nós dois também iríamos descobrir muito em breve.

Essa chegada acolhedora continuou quando subimos os degraus íngremes, enfeitados com algumas peças de artesanato, que davam acesso à casa da Eliana. Quem veio nos atender à porta foi Alex, companheiro de Eliana, e sabe quando a energia bate no primeiro olhar? Os artesanatos que enfeitavam a escadaria, inclusive, eram todos obras do Alex, que os produz a partir do que encontra na rua. E há quem diga que tudo aqui é "lixo".

Depois de sermos recebidos e de todo mundo se apresentar, fomos direto para a cozinha e mergulhamos na trajetória da Eliana, que não só faz a diferença como também planta sementes de transformação.

Há alguns anos, ela se viu desempregada, separada do ex-marido e obrigada a viver nas ruas de São Paulo. Já sabia como era a vida das pessoas que estavam nessa situação de extrema vulnerabilidade porque tinha feito trabalhos de assistência social. Por ter conhecido a realidade das ruas sob dois olhares muito importantes, de quem sobrevive nas calçadas das grandes cidades e de quem se preocupa de fato com essas pessoas, Eliana começou a lutar para ajudar os demais a buscarem seus direitos, ainda que estivesse na mesma situação deles. Ela sabia que tinha condições para ser a porta-voz dessa parcela invisível da sociedade.

Tudo o que uma pessoa nessas condições passa, Eliana vivenciou na pele. Noites mal dormidas, discriminação, agressões gratuitas e até a retirada do pouco que tinha pelo "rapa", o carro da prefeitura que conduz fiscais e policiais pelas ruas para apreender os poucos pertences das pessoas em situação de rua.

Até que um dia foi convidada por Maria Eulina Hilsenbeck, criadora do Clube de Mães do Brasil, para ocupar uma cadeira no Comitê PopRua, um órgão público que visa construir, acompanhar e avaliar a política municipal para a população em situação de rua da cidade de São Paulo. Nele, Eliana podia fazer mais do que apenas acompanhar seus colegas nas noites frias da capital paulista e oferecer palavras de acolhimento e consolo: ela poderia contribuir para a construção de políticas públicas para dar o mínimo de dignidade a quem não tem sequer um colchão onde se deitar.

Ser uma pessoa que tem voz ao mesmo tempo em que é invisível não é fácil, mas a Eliana lutou bravamente. Não só por ela, mas por todos aqueles que estavam na mesma situação - ou em uma ainda pior, já que as drogas e o álcool são muito comuns entre pessoas em situação de rua, que os consomem para encarar o peso de serem excluídas socialmente.

Depois de algum tempo dormindo nas calçadas da região central e acordando molhada por conta do sereno da madrugada, Eliana conseguiu um emprego e, com muito esforço, alugou uma casinha e se estabilizou em um relacionamento com seu parceiro Alex, que ela conheceu nas ruas.

Sua participação no Comitê PopRua também acabou, mas se engana quem acha que depois de sair dessa situação ela se esqueceu de seus companheiros. Além das idas ao centro de São Paulo, das conversas com as pessoas que ali "residem" e de abrir sua casa para aqueles que precisam de um prato de comida ou um banho quente, ela sabe que a única maneira de mudar a situação dessas milhares de pessoas invisíveis é por meio de políticas públicas efetivas, acolhedoras e humanas. Não é colocando o rapa para tirar colchão, jogando água em ocupações em dias frios, fazendo campanha contra doações ou impedindo as pessoas de se instalarem em locais públicos direta ou indiretamente – como por meio de arquitetura hostil, por exemplo, com pedras sob viadutos ou bancos em praças construídos para dificultar que alguém se deite neles – que se resolverá algo que é de responsabilidade administrativa dos órgãos públicos. Essas ideias que afastam agressivamente as pessoas em situação de rua, além de não serem eficazes, são higienistas e têm o intuito apenas de "limpar" uma região. Fazer isso é reduzir a humanidade daquelas pessoas e compará-las a lixo. E você concorda que ninguém merece ser tratado dessa forma, né?

> *Todos nós somos ricos, somos milionários em tempo! E se a gente doar um pouco desse tempo para o próximo, estamos trocando riqueza!*
>
> — ELIANA TOSCANO

A grande questão na história da Eliana é o fato de que ela não só fala a famigerada frase "seja a mudança que você quer ver no mundo" (ela realmente diz isso no vídeo que gravamos), como vive a mudança que ela quer ser no mundo. Esse é o seu propósito muito antes de entrar para a estatística de pessoas em situação de rua. Nesse contexto, não dá para lidar apenas agindo sobre o sintoma; são necessárias ferramentas e ações para tratar o problema que o antecede, e a única forma é diminuindo a desigualdade social através de políticas públicas.

Enquanto não temos ações afirmativas eficazes para esse problema, Eliana faz com que sua passagem neste mundo não seja uma caminhada individualista. Não é porque ela deixou de viver em situação de rua que esqueceu que há pessoas vivendo assim. Por isso, ela sonha em criar uma residência inclusiva para mulheres em situação de alta vulnerabilidade social e espera que todos sigam os ensinamentos cristãos (não de forma religiosa, mas pragmática). Afinal, quando vamos de fato amar o próximo como a nós mesmos?

Na pele de um catador de materiais recicláveis

— Anne Caroline —

HISTÓRIAS DE TER.A.PIA **#135**

ASSIM COMO A ELIANA, outra mulher que também transformou sua experiência em propósito de vida foi a Anne, conhecida na internet como Anne Catadora.

A Anne veio para São Paulo em busca de oportunidades e acabou indo parar nas ruas da cidade também. Para sobreviver, ela se tornou catadora de recicláveis, uma profissão tão desvalorizada e, ao mesmo tempo, tão importante para o dia a dia de quem vive em grandes metrópoles. Assim, ela descobriu seu propósito: buscar a valorização do trabalho dos catadores e lutar para que todos tenham uma moradia digna.

Na época em que gravamos com Anne, ela morava na favela Zaki Narchi, uma ocupação na região do Carandiru, em São Paulo. Quando marcamos de ir lá, ela enviou uma mensagem dizendo que, se fôssemos de carro, deveríamos parar na avenida e ela iria nos buscar, porque na rua dela não entrava carro. Ficamos sem entender muito bem, mas fizemos como combinado. Chegando lá, entendemos. Por ser uma ocupação, a casa dela não ficava em uma rua como a gente está acostumado. Eram vielas que cortavam os barracos de madeira onde as pessoas moram. Malemal dava para passar uma pessoa, quanto mais um carro.

Fomos seguindo a Anne e o Lucas, seu companheiro, pelas vielas enquanto ela nos contava mais uma das coincidências incríveis que o Ter.a.pia nos proporciona. Naquele dia era aniversário dela, e a Anne estava radiante, dizendo que era o melhor presente que ela poderia ganhar. Mal sabe ela que o presente quem ganhou foi a gente e todo mundo que pôde se emocionar e aprender com sua história de vida.

Enquanto montávamos os equipamentos e decidíamos as posições de luz e câmeras, já dentro do barraco onde Anne morava, ela começou a nos contar um pouco da sua rotina morando ali e como organizava as coisas. A casa tinha dois cômodos, praticamente: o quarto do casal e outro espaço onde ficava a pia da cozinha, e alguns armários. Havia um espaço a céu aberto atrás da cozinha, onde ela guardava o material que coletava em suas saídas pelas ruas de São Paulo.

A vida da Anne foi cheia de altos e baixos até chegar onde chegou. Ela entrou para a estatística de pessoas em situação de rua depois de ser expulsa da casa de uma pessoa que a "acolheu" em São Paulo quando veio de outro estado tentar uma vida melhor. Nas ruas, ela tentou de toda forma conseguir um emprego para poder sair da situação em que se encontrava, mas, por preconceito, ninguém a contratava.

Desesperada e desamparada, ela conheceu o Lucas, seu atual companheiro, e entrou para mais uma estatística: a de usuários de drogas. Ela começou a usar crack e tudo o que ela havia perdido por estar em situação de rua, como casa e trabalho, começou a se distanciar ainda mais.

Muita gente pode parar nesse ponto da história da Anne e acreditar que ela entrou para o mundo das drogas porque quis, mas vamos tentar fazer um exercício de empatia. Imagine estar longe da sua família, em outro estado, ser expulsa do lugar onde disseram que o acolheriam, ir para as ruas, não conseguir emprego, pedir ajuda para conseguir se alimentar, ter que procurar toda noite um abrigo para dormir - correndo o risco de todos estarem cheios... Fugir dessa situação de qualquer forma é totalmente compreensível. Para algumas pessoas, infelizmente, a droga anestesia e adormece a dor. Usando uma analogia justa, quando você está com aquela dor de cabeça infernal, qual saída você procura? Um analgésico, certo? Em uma proporção insustentável, a droga é o analgésico de quem está na pior situação em que um ser humano pode estar.

A Anne passou um tempo considerável entregue ao crack junto com seu companheiro, que também era usuário, mas tudo mudou quando ela engravidou. A partir desse momento, ela entendeu que era responsável por outra vida e precisava parar.

Por mais difícil que tenha sido, ambos conseguiram deixar o vício de maneira espontânea e começaram a catar materiais recicláveis na rua para sobreviver. Essa necessidade mudaria a vida da Anne para sempre, já que o tempo mostrou a ela que a reciclagem, além de ser uma fonte de renda, tem um impacto real no mundo, e ela poderia transformar sua vivência e experiência como catadora em conteúdo para educar outras pessoas.

Assim como 79,3% da população brasileira[1], Anne possuía um smartphone, tinha acesso a redes sociais e, através delas, começou a mostrar seu dia a dia como catadora de materiais recicláveis. Nas redes, ela não só mostra a importância do seu trabalho para o meio ambiente como também denuncia a violência que esses profissionais sofrem nas ruas, do descaso geral aos xingamentos que motoristas lançam para quem está carregando sua carroça pela cidade.

---

1 *79,3% dos brasileiros têm celular, informa IBGE. Teletime, 24 set. 2020. Disponível em: https://teletime.com.br/29/04/2020/793-dos-brasileiros-tem-celular-informa-ibge/.*

A gente tá presente na dinâmica da cidade, mas a gente incomoda. A gente faz um trabalho incrível, mas a gente incomoda.

— ANNE CAROLINE

Além disso, ela também consegue ensinar às pessoas como descartar corretamente seus materiais, o que também impacta diretamente na vida de outros catadores, já que, às vezes, o descarte irregular de uma garrafa quebrada ou de uma lata aberta pode acabar machucando aquele trabalhador.

Atualmente, a Anne já não mora na Zaki Narchi, mas ainda trabalha com reciclagem em paralelo com a criação de conteúdo para as redes sociais. Depois de toda a dificuldade que enfrentou, de todas as portas fechadas que encontrou, seu propósito de vida nasceu no meio do que as pessoas acreditam ser simplesmente lixo. O mais bonito disso tudo é que, assim como a Eliana, a Andréa e a Solenta, a Anne descobriu que seu propósito não existe sem coletividade e que é fazendo com e para as pessoas que a gente vai transformar o mundo.

Uma história só é uma história quando muda outra pessoa

Você pode pensar que os exemplos de propósitos que demos aqui são grandes feitos. Andréa criou um instituto, se candidatou a cargos públicos; Eliana trabalhou em um comitê da prefeitura; Anne tem visibilidade e consegue influenciar muita gente com o que faz. E é verdade. Todo o trabalho que as personagens das histórias desenvolvem tem um alcance bastante grande, mas isso não quer dizer que são os números que fazem um propósito.

Quando estava no ensino médio, o Lucas participou de alguns projetos sociais na escola, e um deles era um programa chamado Geração Mudamundo, da ONG Ashoka. Esse nome intimidava a turma liderada pelo Lucas por conta do peso e da responsabilidade que a frase "mudar o mundo" carregava. O projeto deles era um jornal feito para a comunidade escolar; como isso iria mudar o mundo? Então esses jovens questionaram a coordenadora da Ashoka na época, Mafoane Odara, sobre esse compromisso de "mudar o mundo", e ela respondeu que essa mudança é mais sobre transformar a vida de quem está à sua volta, o contexto no qual você está inserido e vivencia diariamente, do que criar uma mudança global – até porque isso é (quase) impossível.

Por isso, se você estiver com esse sentimento de que seu propósito não tem um alcance numericamente estrondoso, tome uma água, lave uma louça (rs) e lembre-se de que propósito não está relacionado a número, mas a impacto social, seja com uma repercussão em nível Greenpeace ou algo que você faz em seu bairro, em seu trabalho. Trazendo um pouco para o Ter.a.pia, é como a gente sempre diz: uma história só é uma história se transforma outra pessoa.

3

RELAÇÕES

Ninguém é uma ilha

Assim como a descoberta e o propósito, para nós do Ter.a.pia é quase impossível dissociar as relações de qualquer outro âmbito da nossa vida. Para começar, o ser humano não vive sozinho; somos seres sociais, fomos feitos para nos conectar uns com os outros. Esse contato é o que dá propósito e sentido à vida. Só que, na prática, a banda tem tocado de outro jeito. Tudo o que exalta o individualismo ganhou e vem ganhando espaço. Na cultura atual, vamos nos fechando cada vez mais em mundos individuais e nos esquecendo do outro, e isso não só no sentido figurado, não! Basta olhar à nossa volta.

Em uma grande cidade como São Paulo, por exemplo, as poucas casas que ainda existem são cercadas de muros altos, grades e cercas, sem contato com o exterior. Nos prédios e condomínios, você mora com pelo menos mais cinquenta famílias, mas quantas dessas pessoas você conhece, sabe o nome, se relaciona? Esse estilo de vida é um sintoma de como fomos nos fechando em nós mesmos e passamos a considerar o outro um inimigo potencial. Mas por mais que a gente seja culturalmente ensinado a querer isso, não somos ilhas isoladas, como disse o poeta inglês John Donne (1572-1631) no poema *No Man is an Island* (Nenhum homem é uma ilha), somos todos pedaços que formam um continente único, e se um pedacinho de terra for levado pelo mar, todo o continente diminui.

Como enxergar o outro em nosso dia a dia? Como deixar o individualismo de lado? Talvez a questão, na verdade, seja: "Quão disposto eu estou a me doar às outras pessoas?".

Para nós dois, funcionou muito bem a pergunta que direciona o propósito do Ter.a.pia: "**Quando foi a última vez que você ouviu a história de alguém**?". A partir dela, conseguimos enxergar uma beleza sem igual nas nuances das relações, das pessoas e das histórias que trocamos durante esse tempo de projeto. Essa beleza jamais foi única: sempre foi plural, diversa, assim como os ensinamentos que obtivemos com as histórias que conhecemos.

As relações são como plantinhas

— Edenilde Maria e Cris Crosta —

HISTÓRIAS DE TER.A.PIA #53

EXISTE O HÁBITO DE SEPARAR as relações familiares das amizades ou de qualquer outra relação que tenhamos, até as corriqueiras, mas no Ter.a.pia acreditamos que todas precisam ser regadas para florescer. Talvez o que diferencie os relacionamentos seja a forma como são criados. Em nosso vínculo familiar, é como se a semente da plantinha já se encontrasse no vaso, só aguardando os primeiros cuidados. No caso das amizades, decidimos juntos plantar a semente na terra e começar a cultivá-la. As relações corriqueiras, por sua vez, são como os canteiros e as trepadeiras nos muros, que até podem passar despercebidos, mas a gente sempre ganha se puder ajudar a mantê-los. Em todos os casos, nada floresce, nada vinga, se não houver empenho.

Edenilde, por exemplo, sempre sentiu muito amor pelas plantinhas, e é com essa mesma dedicação que ela cultivava todas as suas amizades. A história dela é de uma amizade que gerou não uma simples muda, mas, sim, uma árvore com raízes grandes e profundas, a qual nem a morte é capaz de abalar.

Amizade é como uma plantinha, tem que regar e cuidar para ela florescer.

— EDENILDE MARIA

Essa é uma história que também envolve o Ale, no caso, filho da Cris, mas ainda vamos chegar lá. Quem acompanha de perto o canal vai saber do que estamos falando!

Edenilde Maria de Jesus nasceu em Curaçá, na Bahia. Aos cinco meses de idade, foi adotada por Dona Minú. Aos nove meses, quando começou a andar, sua mãe logo percebeu que ela tinha problemas de locomoção. Conforme ela foi crescendo, ficou mais nítido que sua perna esquerda era mais curta que a direita (cerca de 14 centímetros), mas a família não tinha condições financeiras de levá-la a um médico para investigar.

Aos 20 anos, Edenilde saiu de Curaçá e veio para São Paulo ficar na casa de uma tia. Essa tia aconselhou a jovem a procurar um ortopedista, já que a diferença no comprimento de suas pernas dificultava a locomoção. Edê buscou um médico e descobriu, durante a consulta na Santa Casa de São Paulo, que sua deficiência física era mais complicada do que parecia. Ali no consultório, o médico perguntou se ela sonhava em ser mãe. Edenilde, sem entender a pergunta, respondeu que sim, e o médico aconselhou que ela não engravidasse, porque sua bacia estava quebrada e isso poderia gerar uma complicação gravíssima, tanto para ela quanto para um bebê.

Aquela notícia foi devastadora. É claro que Edenilde gostaria de ser mãe, mas não teve jeito, ela precisou seguir sua vida em São Paulo mesmo sentindo essa dor.

Os anos se passaram e, com seu jeito doce e acolhedor, Edenilde fez muitas amizades por onde passou, sendo que uma delas foi a Cristina. Quando as duas se conheceram, Edê era 20 anos mais velha do que a Cris, mas isso não afetou em nada a relação das duas. O laço entre elas foi se estreitando cada vez mais e Edenilde um dia compartilhou que não podia ser mãe, mas desejava muito que a amiga se tornasse. Cristina, na época com 25 anos, havia acabado de se casar. O desejo de que a amiga ficasse grávida era tanto que, certo dia, a Edenilde comprou uma camiseta com a estampa de um bebê e a entregou para a Cristina, combinando que ela a vestisse quando estivesse grávida e aparecesse em sua casa sem dizer nada, que ela entenderia.

No dia que Cris apareceu com a camiseta, foi pura emoção! A Edê conta que ela morava no fim de um quintal com um corredor comprido e, quando viu Cristina com a camiseta, saiu correndo para abraçá-la. Mas as surpresas dessa amizade não pararam por aí! No aniversário da Edenilde, em maio de 1994, a Cris teve a ideia de entregar um presente inusitado. Disse que sairiam para comprar uma lembrancinha, mas parou no caminho para fazer um ultrassom. No laboratório, ela pediu para que Edenilde aguardasse na recepção enquanto fosse atendida. Tudo fazia parte do plano.

Enquanto a Edê esperava, a médica saiu da sala e perguntou se ela era a Edenilde Maria de Jesus, pedindo que a acompanhasse até a sala onde Cris estava. Nessa hora, as pernas da Edenilde mal se firmavam em pé com receio de que algo tivesse acontecido no consultório. Então, ela seguiu a médica e entrou extremamente ansiosa na sala, onde ficou um pouco sem entender o que estava acontecendo.

Não era nada do que ela imaginava. Lá dentro, estava Cris toda sorridente, com a barriga à mostra, deitada na maca. A médica, que já conhecia a história, anunciou que ali seria entregue o presente de aniversário de Edenilde pensado pela Cris. Já que ela não poderia viver esse momento da maternidade por conta da sua deficiência, sua amiga queria compartilhar a sensação de ouvir as batidas do coração de uma criança dentro do ventre. Sorte que o coraçãozinho do bebê batia forte, porque a sala ressoava o choro de emoção das duas amigas. Ah, lembra que comentamos que a história envolvia o Ale? O bebê que a Cris carregava no ventre era ele. Imagine a força da amizade desses três!

Muita coisa se passou até essa história ser contada lavando louça no Ter.a.pia, em 2019. Em 2001, quando o Ale tinha sete anos, Edenilde voltou para a Bahia para cuidar de sua mãe, Dona Minú. Apesar da distância de 2329 km, as amigas seguiram regando essa amizade por telefone, cartas e visitas até que, em 2019, Edenilde retornou para São Paulo, e nós não podíamos perder a chance de tê-la nos contando histórias. Ela era uma contadora nata e tinha muitas, com seus 74 anos vividos.

Quando o Ale fez o convite, ela topou na mesma hora, mas disse que só gravaria se pudesse contar como foi ouvir os batimentos dele naquele ultrassom surpresa, em 1994. Quando questionamos por que tinha que ser esse episódio, ela disse que esse presente tinha um valor incalculável e que, a cada vez que contava essa história, tinha a sensação de ouvir novamente aquele coraçãozinho batendo.

No vídeo disponível no canal, ela fala: "Eu levo as batidas desse coração terra ou além, onde eu viver". E é essa frase que nos dá força para seguir sem sua presença física, sem sua risada e seu carinho. Edenilde partiu no início de 2021, vítima de um AVC, acidente vascular cerebral. Relembrar essa história é uma forma de continuar regando essa amizade, que vai perdurar "terra ou além".

Na verdade, aquele presente não foi só para ela. Antes mesmo do nascimento do Ale, ela já estava presente na vida dele, preparando a terra para plantar uma amizade repleta de carinho. Com ela aprendemos muito sobre jardinagem e amor, e como as duas coisas estão interligadas, já que toda relação envolve cuidado e atenção. Não com o peso da exigência, mas através da dedicação para com o outro.

O DIABINHO GENTE BOA
6

Uma relação é feita de compreensão

— *Márcio Sno* —

HISTÓRIAS DE TER.A.PIA **#166**

A FALTA DE COMPREENSÃO é algo que nos atormenta desde pequenos, quando achamos que nossos pais, irmãos, professores e amigos não entendem o que estamos sentindo. Isso nos fere e nos afasta um pouquinho deles. Quando crescemos, isso não muda, apesar da compreensão ser fundamental para nossas relações, afinal, é ter afeto, cuidado e empatia com o outro. Mas compreender muitas vezes não é uma tarefa fácil, principalmente quando as escolhas e os caminhos do outro impactam diretamente nossas vidas ou vice-versa, como na história do Márcio. Márcio é escritor e cartunista. Ele conheceu o Ter.a.pia não pelos vídeos com as pessoas lavando louça, mas por nosso podcast chamado *Histórias para ouvir lavando louça*, e resolveu enviar sua história para a gente.

O Márcio e a Joelma foram casados por 25 anos. Eles se conheceram na adolescência e logo ficaram juntos. Algum tempo depois, eles tiveram o Calvin, único filho do casal, e a vida seguiu. Depois de anos casados, os dois começaram a perceber que a relação estava mais para amizade do que relacionamento romântico e, em uma conversa, resolveram amigavelmente se separar. Um pouco depois da separação, o Márcio começou a perceber que se sentia atraído por homens e tentou resgatar na memória se essa atração era algo que ele vinha reprimindo por estar em um relacionamento heterossexual. Mas não: ele realmente foi entender sua bissexualidade aos 44 anos, ou seja, ele se sente atraído tanto por homens quanto por mulheres.

Depois de muito pesquisar, estudar, refletir e entender sua orientação, a primeira coisa que ele fez foi conversar com a ex-esposa, hoje sua melhor amiga, e com o filho, que já era adulto na época. Márcio escreveu um texto enorme explicando tudo e enviou para os dois via WhatsApp com uma ansiedade sem fim. Para a surpresa de ninguém, os dois o acolheram da forma mais bonita possível. Joelma o parabenizou pela coragem e Calvin disse que a admiração que sentia pelo pai aumentou ainda mais depois de ele se assumir.

Claro que a reação da ex e do filho também condiz com todo o histórico vivido por eles como casal. A família sempre foi aberta à diversidade e Calvin foi criado sabendo que era necessário respeitar e acolher as pessoas próximas, independente de origem, orientação sexual, identidade de gênero, cor ou religião; e se essa educação veio de seus pais, é claro que a reação da Joelma não seria diferente quando seu ex-marido assumiu que também se atrai por homens.

Depois de conversar com as duas pessoas mais importantes da sua vida, Márcio agora tinha a tarefa de contar aos outros amigos e familiares para, segundo ele, preservá-los dos comentários maldosos das pessoas, caso alguém o visse acompanhado de outro homem. Para ajudar quem estava ainda perdido na situação, ele produziu um fanzine – que é uma publicação impressa independente que aceita qualquer tipo de conteúdo produzido por qualquer um – falando sobre como lidar quando seu amigo se assume gay.

Lá ele escreveu algo que cabe aqui para todo mundo que possa viver uma situação parecida com amigos ou familiares: "Continue amando ele do mesmo jeito".

> ***Eu tenho muito orgulho de ter me entendido, ser transparente com todo mundo. Eu sou o mesmo de antigamente, só que nada mais me encuca.***
>
> — MÁRCIO SNO

O processo de assumir uma orientação sexual diferente daquela que todo mundo espera não é fácil aos 15, aos 20, e muito menos aos 44 anos, mas ter o amparo de sua família foi essencial para o Márcio não ter medo de ser quem é. Os amigos também foram fundamentais para esse processo. Um deles é o cantor e compositor Odair José, que escreveu uma música (ainda sem nome ou data de lançamento) para o Márcio depois que ele contou sobre sua bissexualidade.

O papo surgiu entre os dois porque, no período de reflexão sobre sua sexualidade, o Márcio começou a ouvir uma música do Odair chamada "Nunca Mais", escrita em 1977, que diz: *Eu agora sou bem diferente / Não se assustem e nem se preocupem / Sou o mesmo de antigamente / Só que agora nada mais me encuca.* A música o ajudou a escoar seus sentimentos naquele momento e se apoiar na crença de que as pessoas que o amavam iriam acolhê-lo porque ele era o mesmo Márcio de sempre, só que agora nada mais o encucava.

Não é que ele estava certo? Tirar o peso das costas após conversar com todo mundo foi libertador, e só então o Márcio foi desfrutar sua nova fase de vida. Saiu, curtiu, beijou, namorou, aproveitou – e aproveita – cada momento. Inclusive junto com Joelma e Calvin. Um dia todos eles foram a um show da banda preferida da família, chamada Cordel do Fogo Encantado: Márcio e seu então namorado, Joelma e seu então namorado e Calvin.

Quando falamos que a história do Márcio nos remeteu a compreensão é porque ela parte dos dois lados: Marcio compreendeu que era necessário falar com Joelma e Calvin, pois, querendo ou não, estavam envolvidos com suas escolhas e caminhos; e os dois compreenderam que ele estava feliz, por isso o respeitaram e o acolheram. E vale ressaltar que respeito, acolhimento e amor sem julgamentos são a forma mais bonita de compreensão, e essa relação profunda só pode existir quando há um esforço de nos conectarmos ao outro para saber qual é a sua realidade, quais são suas necessidades e emoções. Isso não se constrói de um dia para o outro. Como dissemos, é algo difícil, porque a verdadeira compreensão nunca será possível se não houver vontade e interesse genuínos na relação.

As relações se transformam

— Lucas e Alê —

Neste capítulo, falamos sobre regar as relações, sobre nos dedicarmos ao outro verdadeiramente e sobre compreensão, mas há algo nas relações que não estamos totalmente prontos para discutir ainda: a forma como se transformam. Podemos passar lindos momentos com pessoas que amamos, mas a vida é cheia de idas e vindas. Cada história que vivemos ao lado de alguém é responsável por manter a chama da relação acesa, mas isso não quer dizer que relacionamentos não enfrentem mudanças. É aí que entra o X da questão: será que estamos prontos para compreender os caminhos que nossos relacionamentos tomam em determinados momentos? Se essa fosse a pergunta de um professor em sala de aula, nós dois estaríamos com as mãos levantadas para responder "Não".

Somos ensinados que as nossas relações não podem passar por crises ou mudanças e, se passam, tem algo errado aí! Não é bem assim: as mudanças podem não ser doces... na verdade, a depender da mudança, são bem amargas, mas, independentemente do "sabor," elas acontecem. É um fato. E elas são carregadas de aprendizados; a melhor maneira de aprender algo é estar aberto para que mudanças aconteçam.

Desta vez, vamos contar a nossa história como exemplo.

O Ter.a.pia nasceu em 2018 com nós dois, Alê e Lucas, lavando louça juntos. Quando a gente se conheceu e começou a namorar, fomos ficando muito tempo na casa do Lucas.. Na cozinha havia um balcão, e nós dois tínhamos o costume de ficar apoiados ali para fazer companhia ao outro enquanto um lavava louça. Por isso, é muito sério quando a gente fala que o momento de lavar louça rende boas conversas. Sem esse momento, o projeto não teria nascido!

Depois que criamos o canal, fomos morar juntos, e o relacionamento continuou e foi crescendo lado a lado com o Ter.a.pia. Mas, quatro lindos anos depois, nós dois compreendemos que as relações percorrem diversos caminhos e entendemos que poderíamos não ser mais um casal. Você pode pensar que houve briga, que a gente começou a se odiar e que o projeto estava por um fio. Mas não, isso não precisava significar uma separação total. A gente percebeu que terminar uma relação romântica não significa necessariamente dar fim completo a uma relação. Não significa que a história não deu certo ou que o término representa um erro. Claro que a gente fala isso pensando em relações construídas com base no respeito, no carinho e no diálogo, como era a nossa. Há certos relacionamentos em que a gente tem mesmo que se afastar, para o nosso bem e para o bem da pessoa.

De todos os temas que falamos no Ter.a.pia, nosso objetivo nunca foi dizer o que é certo ou não, mas mostrar que existem muitas possibilidades de existir. E se há muitas possibilidades no existir, também há muitas possibilidades de encerrar o ciclo de uma relação sem necessariamente rotular esse término como fracasso. Até porque, para qual relacionamento a gente costuma atribuir a palavra sucesso? Para aquele dos contos de fadas em que "eles viveram felizes para sempre"? Será que faz sentido? Uma relação só é boa se for eterna? Essa eternidade foi pensada em um formato que nada muda, né? Porque haja paciência para aguentar um parceiro ou parceira que não muda. Haja boa vontade para nos aguentar sem mudança nenhuma! A vida é um ciclo eterno de descobertas; por que isso seria diferente nas relações?

Às vezes a gente muda a rota e segue de mãos dadas, mas outras vezes é necessário seguir rotas diferentes, e isso serve para todas as relações. Com amores, com a família, com amigos... Ao longo da jornada, as pessoas vão ganhando papéis muito importantes em nossas vidas, e as mudanças de caminho não significam que o amor precisa virar ódio ou rancor.

Um bom exemplo, modéstia à parte, é a dupla que está escrevendo este livro para você! Hoje cada um de nós está seguindo o seu caminho individualmente, mas sempre nos encontrando nas estradas da vida para fazermos juntos o que mais gostamos, que é ir atrás de histórias. Existe relação melhor do que essa?

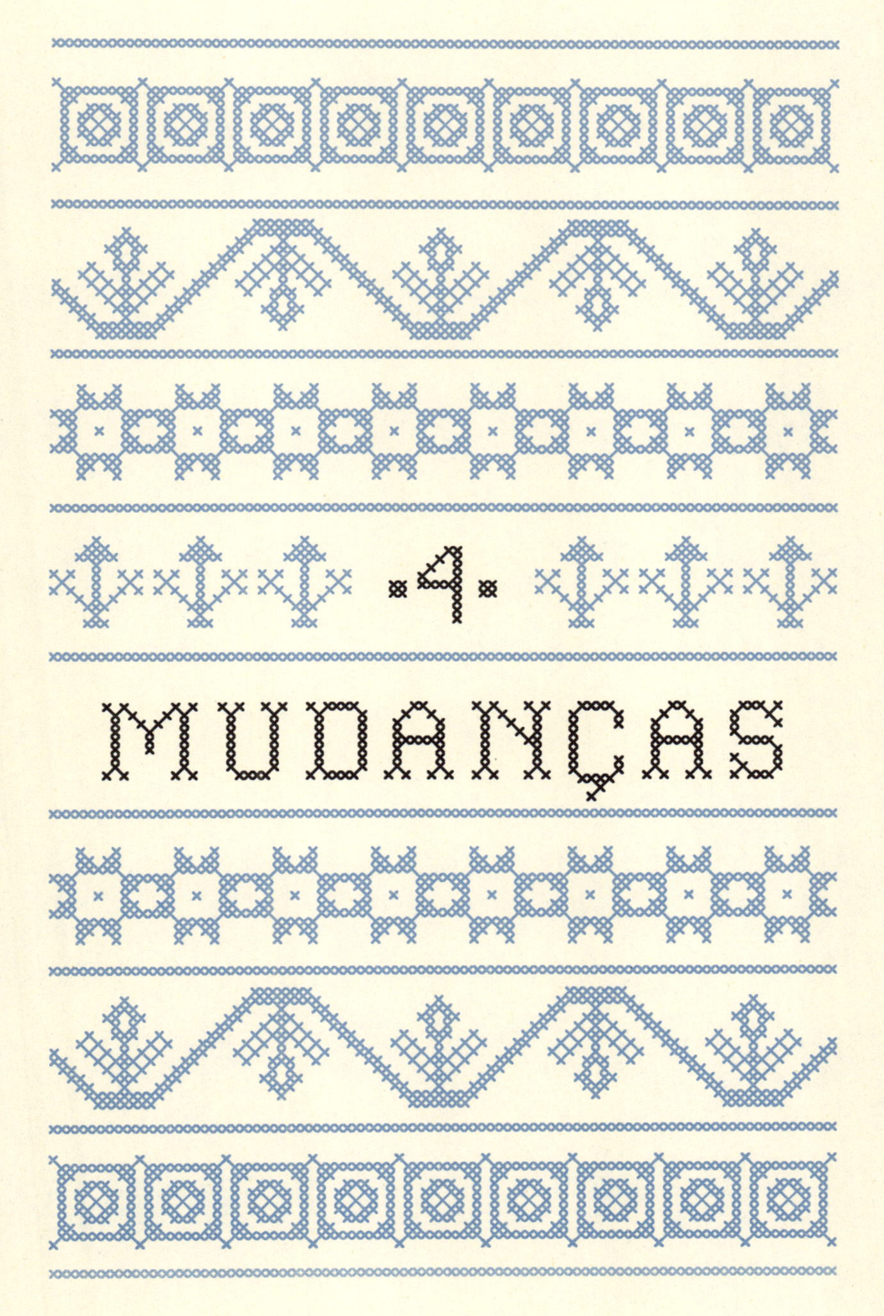
4
MUDANÇAS

Páginas novas de uma mesma história

Sabe quando estamos lendo um livro com uma história envolvente e de repente nos deparamos com algo surpreendente na narrativa, uma reviravolta inesperada que altera toda a trama e nos tira o fôlego? Que faz a gente ter vontade de querer saber mais? Já reparou que, na vida real, fugimos dessas mudanças? Que o que a gente quer mesmo é estabilidade em nossas próprias histórias, sem grandes *plot twists*? Por que a gente não consegue lidar bem com as mudanças se tudo está em constante transformação?

Nenhuma mudança é fácil, muitas delas são inclusive dolorosas, mas fazem parte dos ciclos que vivenciamos durante a vida. E a gente diz ciclo porque elas não param de acontecer, como se nossa jornada fosse realmente em espiral. Há espirais mais largas, nas quais os ciclos são mais demorados, outras mais estreitas, que consequentemente trazem ciclos mais rápidos, mas todas seguem o mesmo padrão.

Pessoas vão entrar e sair da sua vida, prédios novos serão construídos em frente à sua janela, você pode descobrir uma questão de saúde delicada, ser traído por seu parceiro, decidir viajar sem rumo e sem data para voltar. O que não pode ser feito (ou não seria o ideal) é ficar estagnado ou acomodado a ponto disso impedir você de seguir em frente. É necessário aceitar o inevitável, por mais turbulento que seja, e aprender com ele que as transformações chegarão. Afinal, a vida é feita de mudanças.

Encarando mudanças drásticas

— Thaís Renovatto —

HISTÓRIAS DE TER.A.PIA #130

QUANDO CONHECEMOS a história da Thaís, ficamos muito impactados. Primeiro porque, por mais que a gente esteja ciente de que HIV não é algo relacionado a um grupo específico, é difícil ver outras pessoas, além de homens gays, mulheres trans e travestis, falando abertamente sobre sua sorologia. A Thaís foi um ponto fora da curva entre as dezenas de histórias que já recebemos sobre o tema, e a forma como ela encarou toda a situação nos fez entender que a dela precisava ser contada. E precisava mesmo! Foi um sucesso estrondoso na página, com milhões de visualizações e dezenas de milhares de comentários de pessoas que não têm acesso a informações sobre HIV.

A Thaís descobriu que era HIV positivo em 2014, depois que um ex-namorado faleceu em decorrência da aids. Na época, ela estava com 30 anos e conheceu o rapaz em uma festinha que frequentava. Os dois namoraram por cerca de um ano e meio, até que ele começou a ficar muito doente. Em pouco tempo, teve duas pneumonias, e para a Thaís, estava relacionado com o fato de ele fumar muito. Ela jamais imaginou que o namorado havia desenvolvido aids.

Em certo momento, não teve volta: foi entubado, e a família percebeu que ele não acordaria mais porque sua situação estava muito delicada, então a mãe do rapaz decidiu contar para a Thaís a verdade, que ele tinha aids. Nessa hora, o mundo dela caiu. Muitas pessoas perguntam para ela qual foi sua reação quando pegou o exame, mas para ela nem precisaria de exame para comprovar (em sentido figurado), já que os dois transavam sem preservativo como muitos casais fazem, principalmente heterossexuais que não têm o costume de fazer testes de HIV e ISTS (infecções sexualmente transmissíveis).

Aqui a gente abre um parêntese para falar sobre essa questão. Não há julgamento moral: é uma realidade que muitas pessoas usam preservativo quando estão em relações casuais, mas, depois que começam a se relacionar de maneira mais séria, deixam de usar. Segundo um estudo[2] publicado no periódico *The Journal of Sex Research* em 2019, a vontade de estabelecer e manter uma relação romântica de longo prazo com o parceiro aumentou a disposição para fazer sexo sem preservativo. Outra pesquisa um pouco mais antiga e focada no Brasil, da Gentis Panel[3], afirma que 52% dos brasileiros nunca ou raramente usam preservativos, 10% utilizam às vezes e só 37% se protegem sempre ou frequentemente.

Somando-se a essas informações, também não temos a cultura de fazer testes de HIV. Isso porque o senso comum ainda associa HIV, aids e outras ISTs com um público específico, o LGBTQIA+. Esse pensamento, com bases sólidas criadas nos anos 1980 e 1990, presta um desserviço que culmina em histórias como as de Thaís

---

2 ESTUDO *explica por que alguns jovens adultos fazem sexo sem camisinha.* UOL, *19 mar. 2019. VivaBem. Disponível em: https://www.uol.com.br/vivabem/noticias/redacao/2019/03/19/estudo-explica-por-que-alguns-jovens-adultos-fazem-sexo-sem-camisinha.htm.*

3 REDAÇÃO M DE MULHER. *Mais da medade dos brasileiros não usa camisinha, mostra pesquisa. Veja, 22 out. 2016.* SAÚDE. *Disponível em: https://saude.abril.com.br/bem-estar/mais-da-metade-dos-brasileiros-nao-usa-camisinha-mostra-pesquisa/*

e de milhares de outras pessoas que não possuem informação necessária sobre o assunto. Ela mesma diz que tinha uma visão muito estigmatizada do HIV e da aids, que era algo muito distante dela.

Quando ela de fato pegou o teste de HIV com o resultado positivo, ficou com a sensação de que a morte estava perto – muito disso porque descobriu sua sorologia quando o ex-namorado estava na fase terminal da aids. Por mais que ela gostasse muito dele, o hospital, a notícia... tudo aquilo estava sendo muito difícil de digerir, e ela decidiu ir à praia espairecer. Mas antes foi até o leito do rapaz conversar com ele. Nesse monólogo – já que ele estava desacordado –, ela o perdoou e assumiu também ter responsabilidade por tudo que tinha acontecido. Ali ela se despediu, e ele partiu deste plano logo depois que ela saiu do hospital.

Apesar do choque da notícia, Thaís entendeu que precisava buscar informações. Mas com o conhecimento surgiram outros medos. A morte deixa de ser a questão principal, já que hoje uma pessoa soropositiva pode ter uma vida completamente normal, e dá espaço ao preconceito, que começa pelo fato de as pessoas ainda não saberem a diferença entre HIV e aids e se estende na forma como os outros vão lidar quando ela der a notícia. O medo de ser julgada mexeu bastante com Thaís, que decidiu não abrir sua sorologia para muita gente, apenas para pessoas mais próximas, como familiares.

No trabalho ninguém sabia, inclusive o Rodrigo, um colega de trabalho com quem ela começou a se relacionar. Mesmo sem contar para ele sobre sua sorologia, Thaís se relacionava usando camisinha e já estava indetectável, o que significa que ela seguia o tratamento à risca e tinha tão pouco vírus circulando no corpo que não o transmitia mais. Ainda assim, ela sempre se protegeu, e consequentemente protegeu o Rodrigo. Só que um dia, em uma viagem, a camisinha estourou e ela teve que contar a história para ele. Em meio a muito choro, Thaís explicou que não era sacanagem da parte dela, mas medo de contar que era HIV positivo e ser rejeitada.

Nos comentários do vídeo da Thaís publicado em nossa página, muita gente a julgou por não ter contado antes para o Rodrigo sobre sua sorologia. Comentários como "Ela não foi honesta com o rapaz" ou "ela banalizou o vírus" apareceram em alguns momentos, mas vale ressaltar que é um direito da pessoa que vive com HIV o sigilo sobre sua sorologia para evitar constrangimento, garantido pela Declaração dos Direitos Fundamentais da Pessoa Portadora do Vírus da Aids, de 1989, desde que ela não exponha ninguém ao risco. A Thaís, em nenhum momento, expôs o Rodrigo; ela fazia o tratamento, estava indetectável e intransmissível e usava preservativo em suas relações. Quando aconteceu de a camisinha estourar, ela prontamente contou para o companheiro, e a partir daí é uma decisão exclusivamente dele aceitar ou não.

No caso do Rodrigo, ele disse as exatas palavras: "Thaís, eu não vou embora! Que tipo de homem eu seria se não estivesse contigo no momento em que você precisa de mim? Eu vou ficar!". Independente do julgamento moral, o correto seria duas pessoas adultas poderem ter esse tipo de conversa e decidir estar juntas pelo que são, e não "pelo que têm", não é? Depois do ocorrido, o Rodrigo fez seus testes, todos deram negativo e os dois seguiram com o namoro.

> ***Eu não banalizo o HIV, eu só digo que é possível viver numa boa.***
>
> — THAÍS RENOVATTO

Muita gente achou que o cara estava fazendo um favor para a Thaís. "Amigas" dela até já falaram que, se ele a traísse, seria razoável, já que ele aceitou estar com ela. E aí, mais uma vez, entra a questão do preconceito com as pessoas soropositivas, que após seu diagnóstico despertou muito medo na Thaís. Alguém com HIV não pode ser amado? Não só pode como, no caso da Thaís, a partir desse amor nasceu uma família linda! Na busca constante de informação, ela e o Rodrigo descobriram que eles poderiam ter filhos "pelos meios normais mesmo", como disse ela no papo que teve com a gente.

O primeiro bebê da família sorodiscordante (quando uma pessoa do casal tem HIV e a outra não) foi o João, seguido por Olívia. As crianças não possuem o vírus do HIV graças aos avanços da medicina, que reduzem significantemente o risco de transmissão vertical da mãe para o bebê durante o parto e a amamentação, e também à Thaís, que segue direitinho seu tratamento com os antirretrovirais.

Por mais que existam adversidades desde o diagnóstico, é plenamente possível viver bem com HIV, assim como a Thaís. Isso a gente sentiu logo que chegou na casa dela para conhecer sua história. Fomos recebidos com uma cena linda, típica de uma tarde de sábado: a louça na pia nos esperando, o sol invadindo o quintal, o casal já com latas de cerveja abertas, os cachorros pulando em nosso colo e as crianças correndo em volta das nossas pernas. Foi nesse clima de amor que a gente montou as câmeras para ouvir a trajetória da Thaís.

Quando falamos, na abertura do capítulo, sobre ficar acomodado ou estagnado diante de uma mudança na vida, não é papo de coach, a gente jura! E a história da Thaís é um exemplo vivo disso. Aos 31 anos de idade, ela poderia ter deixado a situação do HIV tomá-la de forma negativa, mas não. A primeira coisa que ela fez foi se informar, e isso a fez criar dentro de si uma enorme mudança de paradigmas. Com conhecimento nas mãos, ela pôde se cuidar, cuidar das pessoas com quem se relacionava e dar continuidade à sua vida. Ela esperava por isso? Não! Mas a situação apareceu na frente dela e Thaís entendeu que seria uma mudança grande, mas não impossível de realizar.

Mais uma vez, não fazemos julgamento moral ou algo parecido com quem tem ou teve uma reação diferente da dela quando recebeu o diagnóstico. Cada pessoa reage de uma forma a uma notícia tão importante, seja um diagnóstico positivo de HIV ou outra. E, tudo bem, o luto nessas horas é válido até mesmo para podermos digerir todas as novidades que chegam com essa mudança. Mas algo que podemos aprender com a Thaís é a vontade de buscar estratégias para conseguir lidar com o novo, o desconhecido. Ficar parado é uma opção, mas se colocar em movimento e seguir o caminho da transformação, por mais doloroso que seja, nos leva a conhecer coisas que, estagnados, não vamos descobrir jamais. Tem coisas em nossa vida que só vão aparecer quando virarmos a página. Se a gente não vira, fica repetindo a leitura de um mesmo parágrafo sem fim.

Oportunidade para mudar

— *Silvana Cotrim* —

HISTÓRIAS DE TER.A.PIA **#74**

É MAIS SIMPLES FALAR de transformação quando temos as ferramentas necessárias para isso acontecer; não podemos esquecer que há alguns graus de privilégio que facilitam para algumas pessoas tomarem uma atitude diante de situações que requerem mudança. Um homem branco de classe média tem muito mais oportunidades para mudar que uma mulher negra pobre, por exemplo. Isso é um fato confirmado por uma pesquisa do Instituto Insper que afirma que um homem branco tem um salário médio 159% maior do que uma mulher negra no país[4]. Esse dado indica que uma mulher negra, para conseguir realizar a mudança necessária em sua vida e na daqueles que estão à sua volta, precisa de muita, mas muita força e dedicação. Como a Silvana Cotrim, uma grande amiga que nos foi apresentada pelo Ter.a.pia.

A Silvana, assim como a grande maioria dos nossos entrevistados, nos contatou para contar a sua história. Eu me lembro exatamente do dia em que ela mandou uma mensagem pelo Facebook: 24 de novembro

---

4 *SALÁRIO de homem branco supera em até 159% o de mulher negra, diz pesquisa. UOL, 15 set. 2020. Economia. Disponível em: https://economia.uol.com.br/noticias/redacao/2020/09/15/salario-medio-de-homem-branco-supera-em-ate-159-o-de-mulher-negra.htm*

de 2019. Nela, Silvana dizia que queria contar uma de suas histórias e mandou uma lista com alguns episódios marcantes em sua vida. Eu a orientei a pensar com bastante carinho e escolher uma dessas histórias, a que mais marcou sua vida, e nos enviar por e-mail. No dia 16 de dezembro, ela enviou a história e a gente ficou maravilhado com tudo o que ela relatou. Não deu outra: logo estávamos na casa dela em Atibaia, interior de São Paulo, encantando-nos ainda mais com o mulherão que ela é – e com a vista da janela de sua cozinha, que dá para uma paisagem linda com muito verde e um pôr do sol indescritível!

Conversa vai, conversa vem, ligamos as câmeras para ouvir os detalhes da história da Silvana enquanto ela lavava a louça com aquela vista tão maravilhosa quanto a história dela.

Silvana se casou aos 18 anos e, por conta disso, não entrou em uma faculdade para seguir com os estudos. Aos 36, ela já tinha cinco filhos e estava em um casamento que não a fazia feliz, com vontade de mudar o rumo de sua vida. Nessa época, ela trabalhava na área de RH de um hospital em São Paulo, onde só cresciam as pessoas que tinham diploma universitário; como a Silvana parou de estudar no ensino médio, não tinha nenhuma oportunidade de ganhar uma promoção no trabalho.

Mas ela queria a mudança, então foi atrás de uma faculdade para cursar e, na hora da matrícula, se deparou com o primeiro empecilho nessa nova jornada. Silvana tentou pleitear uma bolsa de estudos, já que na época ganhava cerca de 750 reais, estava separada do ex-marido e tinha uma casa para manter com cinco filhos. Na cabeça dela, seria fácil, porque muita gente dizia estudar com bolsa de estudo, mas na hora de entregar os documentos, o avaliador das solicitações disse que, se ela não conseguia pagar a faculdade, era melhor desistir, porque se alguém está pedindo desconto na mensalidade, é porque não tem dinheiro.

Para contextualizar quem é a Silvana, caso você ainda não tenha assistido a esse vídeo (vá assistir!), ela é uma das pessoas mais doces, acolhedoras e gentis que a gente já conheceu, mas não pisa no calo dela, não! Ela não abaixa a cabeça e luta por seus direitos. Sempre foi assim, e não agiu diferente quando o avaliador foi extremamente grosseiro com ela na entrega dos documentos. Naquele momento, se ela tinha dúvida se ingressaria ou não no curso, foi por ralo abaixo, porque Silvana ficou ainda mais certa de que a mudança viria através daquele diploma. Assim, ela se matriculou no curso de Tecnólogo em Gestão de Recursos Humanos, que garantiu seu crescimento em sua área dentro do hospital.

Aqui você pode pensar que é o fim e que, a partir daí, ela conseguiu fazer a mudança que tanto queria. De certa forma, você não se equivocou, mas, como dissemos anteriormente, para uma mulher preta e pobre, mudar requer muito mais sacrifícios. Isso porque metade do salário da Silvana ia para a mensalidade, que à época era de 360 reais. Ela continuava trabalhando em período integral, ia para a faculdade à noite e ainda tinha que cuidar dos cinco filhos. Vira e mexe ela fazia hora extra no trabalho para aumentar a renda da família, além de passar a noite inteira bordando toalhas, o que também a ajudava a conseguir um dinheirinho extra para sobreviver.

Uma das coisas que mais nos tocaram na história da Silvana é como os filhos dela foram sua base de apoio durante todo esse período de esforço máximo. A diferença de idade entre o mais velho e a mais nova é de quase 17 anos, então ela podia contar com os maiores para cuidar dos menores enquanto estava fora – o dia inteiro. Ainda assim, não era fácil. Noites privadas de sono, trabalho excessivo para garantir o mínimo dentro de casa.

No meio disso tudo, ela ainda teve que lidar com a perda da irmã e, na sequência, do pai, ajudar na criação dos filhos da irmã, que tinham mais ou menos a mesma idade dos seus, e encarar a prisão do filho mais velho por furto. Por mais que a gente sinta necessidade de chamar a Silvana de guerreira por toda a sua trajetória, ela foi imposta a batalhas totalmente desgastantes, tudo porque queria uma vida melhor para ela e os filhos. Uma vida que incluísse os direitos básicos.

Esse cenário tortuoso foi vivido por ela durante dois anos (ela agradece pelo curso de tecnólogo ter só dois anos, porque não sabe se aguentaria os quatro de um bacharelado). Silvana se formou e conseguiu a promoção dentro do hospital - não facilmente, já que por lá algumas pessoas a desqualificavam por conta de seu curso ter sido um tecnólogo, não um bacharelado. Mas ela provou que o diploma era apenas um papel diante das qualificações que tinha para o cargo, tanto que trabalhou no hospital por dez anos, até se aposentar.

A partir da aposentadoria, com uma qualidade de vida financeiramente melhor, Silvana passou a levar sua história e bagagem aos outros, principalmente para pessoas pretas, por meio da Associação Cultural Negra Visão, em Atibaia, da qual é uma das coordenadoras.

Hoje, Silvana sabe o quanto esse esforço compensou, porque ela realmente conseguiu mudar sua vida e a dos filhos, mas seus pensamentos e conquistas não validam o discurso da meritocracia, de que qualquer pessoa consegue chegar aonde quiser se for determinada, esforçada. A meritocracia se baseia na ideia de que todos temos as mesmas ferramentas para conquistar o poder (e poder aqui pode ser aplicado a qualquer coisa: trabalho, faculdade, casa, carro etc.), e quem não consegue, foi porque não se esforçou o suficiente.

Meritocracia é uma bobagem. As pessoas dizem que o povo preto consegue se lutar, não dão condições para ele lutar e ainda colocam na cabeça dele que não é capaz.

— SILVANA COTRIM

Mas será que todos temos as mesmas ferramentas? Por que, então, mulheres negras ganham 150% menos do que os homens? Elas não se esforçaram o bastante? Quantas Silvanas conhecemos no nosso bairro, trabalho ou família que não chegaram lá mesmo tentando? Sem contar que todo empenho excessivo para conseguir o mínimo não é saudável para ninguém. Alguém deveria sofrer tanto para cursar uma faculdade? Deveria se privar de viver, trabalhando dois turnos e horas extras intermináveis? Deveria ser privado de ver os filhos por conta dos horários malucos? Alguém deveria "emancipar" os filhos dessa forma? É claro que não! A conquista deveria ser universal e sem dificuldade. Não somos todos iguais? Que tenhamos oportunidades iguais também! E que elas sejam acessíveis e suportáveis para todos, não só para 1% da população.

A nossa Silvana conseguiu alcançar seu objetivo depois de exaustivas tentativas e entraves durante todo o processo. Ela mesma conta que teve sorte, porque reconhece que essa não é a realidade da esmagadora maioria. Para escrever a mudança no livro da vida, é necessária a caneta da oportunidade. Poucos a têm, e sem ela continuaremos com inúmeros escritores incríveis donos de páginas vazias.

GLOBE

Você é a sua própria mudança

— *João Augusto* —

HISTÓRIAS DE TER.A.PIA #62

A HISTÓRIA DO JOÃO é uma das mais inusitadas do Ter.a.pia, e o conhecemos da forma mais inusitada também. Estávamos de férias em Morro de São Paulo, na Bahia, e subimos até o mirante para ver o pôr do sol. Lá encontramos uma barraca de drinks com um nome que saltava aos olhos: Barraca do Corno Feliz. Convenhamos, não é nada convencional, e isso chamou nossa atenção. Antes de irmos embora, paramos na barraca e perguntamos há quanto tempo o João Augusto trabalhava ali. Ele começou a contar como teve a ideia de vender drinks servidos no cacau naquele espaço tão lindo, do qual ele cuida com muito carinho. Decidimos que precisávamos contar aquela história no Ter.a.pia! No dia seguinte, voltamos com a câmera (a única que tínhamos levado para fotografar a viagem) e pedimos para ele dividir sua história conosco.

Em meados de 2016, o João era casado e tinha uma vida comum, como eu e você, até que aconteceu algo que também é muito comum: o João foi traído. No popular, como ele mesmo diz, "levou uma galha". Por mais que ele tenha ficado ressentido e magoado com isso, a reação dele foi bastante inesperada: decidiu sair de casa para ler e meditar.

Era por volta de três da tarde quando ele pegou sua edição do livro *O homem mais inteligente da história*, de Augusto Cury, subiu até o alto do mirante do Morro de São Paulo e ficou lá por um tempo, pensando na vida.

Lá do alto, João se encontrou e encontrou também o que viria a ser seu sustento. O ponto mais alto de Morro de São Paulo já era visitado por muitos turistas e moradores da região para assistir ao pôr do sol, só que ali não tinha nenhuma estrutura para receber essas pessoas. Em determinado momento naquele dia em que João estava pensando na vida, por volta das quatro da tarde, pouco tempo depois de ele ter chegado, começou a subir mais gente. Às cinco, já havia mais de duzentos turistas ali no alto, todos reclamando que não havia nada para beber. Nesse momento, ele teve um estalo: resolveu que serviria ali as bebidas para as pessoas que iam assistir à chegada da noite.

João foi até a prefeitura resolver burocraticamente essa questão, e com a licença em mãos não havia outro nome para ele dar ao espaço senão a "Barraca do Corno Feliz". Ele mesmo fala que "se não fosse a galha", ele não estaria trabalhando ali, ou seja, o chifre e as reclamações das pessoas sobre o espaço do mirante deram a João a grande chance de mudar sua vida.

A vida é legal quando tem compartilhamento e convivência. A partir do momento que não tem mais, cada um segue o seu caminho.

— JOÃO AUGUSTO

Como a gente disse, a história do João é mega inusitada, mas nos trouxe muitas reflexões naquele dia. Quando perguntamos se ele era feliz com a vida nova que ganhou, ele sequer hesitou. Ele é feliz, e dá para perceber isso em seu sorriso enquanto atende a galera ali no mirante e quando conta sua história. Isso quer dizer que ele esqueceu a traição? Não. Que não doeu? Também não. Mas o João mesmo fala que muita gente, quando se depara com essa situação, "faz besteira com a vida" - referindo-se aos casos de violência contra a mulher e feminicídios ocasionados por infidelidade (ou suspeita de infidelidade) -, mas que ninguém é dono de ninguém, e o ideal é cada um seguir seu caminho para tentar ser feliz. E faz sentido, não faz?

A mudança na vida do João dependeu somente das ações dele diante de uma situação que muitas vezes pode fazer a gente perder a cabeça. Quando dissemos, no título dessa história: "você é a sua própria mudança", é porque acreditamos que nós, como indivíduos, podemos escolher caminhos que nos façam crescer e amadurecer diante das situações mais complicadas. Não são mudanças estruturais, mas de paradigma. Diferente do caso da Silvana, em que a mudança precisou ser estrutural, para João, a questão não era as oportunidades para ele conseguir mudar, mas os caminhos que ele iria escolher nessa transição.

É incrível como a gente pode tomar as rédeas das mudanças em nossa vida, né? Por isso nós dois gostamos de pensar na vida também como um livro vivo, sendo escrito a cada momento. Cada pequena mudança é um parágrafo novo que se inicia; cada grande mudança, um novo capítulo. Por mais que as coisas possam mudar, quem continua escrevendo somos nós mesmos!

5
COMPREENSÃO

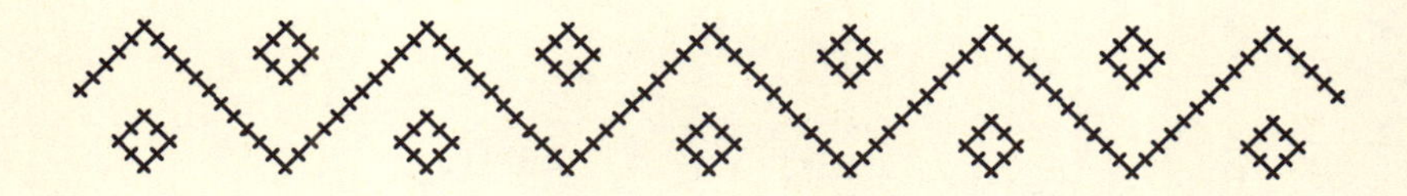

Compreender para florescer

Em momentos em que a mudança não é uma possibilidade, a compreensão pode vir a ser um caminho. Diferente de mudar, compreender não é aceitar; é interpretar, entender. Entretanto, muito do que a gente aprende sobre compreensão está ancorado no sentido de sermos complacentes e tolerantes, porque está diretamente ligado (a nosso ver, de forma errônea) à generosidade. Por exemplo, conseguimos compreender a dor, a raiva, a frustração, mas isso não necessariamente quer dizer que devemos ser tolerantes com quem nos causou esses sentimentos, em especial quando falamos de acontecimentos que nos machucam física ou psicologicamente.

A compreensão da qual falamos é a capacidade de entender que na vida há situações nas quais não temos para onde correr. A morte é um exemplo perfeito. Não cabe a nós decidir quando acontecerá, mas compreender a sua chegada. Em uma das sessões de análise do Lucas, Andrea, a terapeuta dele, falou algo que o marcou bastante: "Se a gente não entender nosso momento de introspecção outonal, não floresce na primavera". Assim como precisamos ter em mente que a partir do outono a natureza se recolhe para poder trazer flores e frutos após o fim do inverno, também precisamos compreender que, para a gente florir, é provável que experienciaremos contextos em que não teremos o controle. Por isso, para nós, Lucas e Ale, compreensão não é uma habilidade passiva, como a tolerância, mas uma prática ativa, como a natureza que se desenvolve em sua introversão para florescer em seguida.

Compreender as expectativas

— Fernando Ferreira —

HISTÓRIAS DE TER.A.PIA **#131**

QUANDO RECEBEMOS a história do Fernando, foi algo que nos surpreendeu bastante. Dificilmente pensaríamos que um policial militar dividiria sua história com a gente, ainda mais uma tão delicada. Vimos um pai sensível e amoroso, que encontrou na compreensão o caminho certo para progredir junto com o filho. Nesse percurso, ele escreveu uma música linda para o Murilo, a qual recitou durante nossa conversa. A canção se chama "Vive no silêncio do seu mundo azul" e diz: *Ei, você está aí? / Quero conversar / Só pra entender como é que anda aí / E retribuir a sorte de poder te guiar*. Durante toda a nossa gravação, inclusive, um fato que nos marcou muito foram seus olhos marejados, que não transbordaram em nenhum momento, mas denunciavam sua emoção ao contar a história do filho mais novo, o Murilo.

O Murilo é um garotinho de 12 anos, autista e deficiente auditivo. Ele tem um grau bem severo de autismo, e sua surdez dificulta ainda mais a comunicação com os pais e o irmão. Logo que ele nasceu, Fernando e sua esposa, Elaine, perceberam que seu desenvolvimento não estava acompanhando a idade. Como os dois já eram pais de Matheus, eles conseguiram identificar coisas que o mais velho fazia com três, quatro meses, como rolar na cama, trocar olhares, e que o Murilo não fazia.

Quando o bebê completou cinco meses de idade, o neurologista chegou à conclusão de que ele era uma criança com Transtorno do Espectro Autista (TEA). Receber o diagnóstico não foi fácil, até porque Fernando e Elaine não sabiam o que era autismo. A partir daí, surgiu o medo do novo: os pais passam por uma espécie de luto, como vimos na história da Andréa Werner, no capítulo 2. Mas Fernando batalhou para ir atrás de tudo o que foi possível, nas condições dele, para dar qualidade de vida ao Murilo. O primeiro passo foi compreender a situação, digerir tudo aquilo e ir atrás de informação, entender o que era o autismo e seus graus de desenvolvimento, o que eram as estereotipias que o Murilo apresentava e tentar gerar um tipo de comunicação com o filho.

A gente chora todo dia, às vezes para dentro.
Mesmo que esteja sofrendo,
você tem que aceitar a situação.

— FERNANDO FERREIRA

Com isso em mente, ele e a família conseguiram evoluir bastante. Aos nove anos, conseguiram tirar a fralda do Murilo, o que pode parecer bobagem para muita gente, mas é algo que faz toda a diferença para eles. Quando ele aprendeu a pedir o que queria sem se agitar, foi outro grande passo, assim como o contato visual que ele desenvolveu ao longo dos anos de tratamento e incentivo da família. Essas pequenas grandes vitórias vão se somando ao longo do tempo, e cada degrau que eles sobem juntos faz com que se sintam mais à vontade para dar o próximo passo. Sem compreensão, isso jamais seria possível.

Compreender que o Murilo tem um desenvolvimento diferente e que as expectativas da família muito provavelmente não serão atendidas, porque não há controle sobre a situação, foi fundamental para o progresso do garoto e para o acolhimento da família, mesmo nos momentos que podem ser considerados constrangedores, como quando as pessoas olham para eles na rua, no shopping, após o Murilo apresentar alguma estereotipia, como se jogar no chão ou ficar exaltado.

A compreensão que tem de sobra na família existe pouco na sociedade, que ainda não consegue entender essas situações – nem de forma complacente ou tolerante, o que já seria um pequeno passo. É dessa diferença de compreensão que estamos falando: o Fernando não entende qualquer atitude discriminatória com Murilo, porque ninguém deve aceitar preconceito. Ele compreende as necessidades do seu filho e seu ritmo de aprendizado.

Hoje o Fernando sabe que não pode sonhar com o sucesso que os pais projetam em seus filhos, como esperar que o Murilo se forme na faculdade ou se case, tenha filhos, e isso pode até frustrá-lo em algum nível, porque todo pai faz planos para os filhos. Mas isso não o impede de estar atento a todas as vitórias do filho e comemorá-las. Afinal, o que é sucesso? Como medi-lo? Para o Fernando e sua família, sucesso é quando o Murilo consegue ter autonomia para ir ao banheiro ou comer. E ter esse nível de compreensão, de que a régua que mede as conquistas é proporcional ao tamanho da realidade de cada um, não é nem um pouco fácil, mas é algo necessário.

Compreender para poder perdoar

— Adriana Moreno —

HISTÓRIAS DE TER.A.PIA **#180**

CHEGAR NA CASA da Adriana para gravar a história dela foi como correr para um abraço. Ela, seu marido, Luiz, e Lucas, seu genro, nos receberam não como uma equipe de filmagem (na verdade, ninguém nos recebe assim, ainda bem!), mas como família. Abraços, carinho... Foi realmente uma pequena festa estar ali. Estávamos procurando o número da casa da Adriana quando nos deparamos com uma bandeira LGBTQIA+ balançando em uma árvore, e na mesma hora sacamos que ali era o nosso destino.

Era sábado; a Adriana mora a duas horas de São Paulo e tínhamos outros compromissos no dia, por isso combinamos que não poderíamos demorar muito, mas não teve jeito... A recepção, a conversa, tudo estava muito gostoso nesse dia de sol no interior de São Paulo. Para você ter noção, até as galinhas que eles criam por lá vieram nos receber. Foi um dia muito especial para nós dois. O calor humano que a Adriana exala nos preencheu de carinho, e isso foi muito importante para a gente digerir sua história, que apesar de ter um "final feliz", não foi nada fácil.

Ela viveu um relacionamento abusivo que a fez se distanciar do único filho, Pedro, que hoje mora e estuda na Argentina. Quando começou a se relacionar com seu ex-companheiro, ela não imaginava que viveria o inferno na Terra: agressões físicas, psicológicas e morais, violência sexual. Adriana ficou um ano em cárcere privado sem acesso a telefone ou computador. Por um ano, ela ficou refém de um homem. Mas o que mais doeu foi a coação do ex, que a fez se distanciar do Pedro. Na época, o menino tinha 14 anos e, desde que a mãe havia se casado, ele morava com a avó materna.

Certo dia, a avó ligou para o companheiro da Adriana e disse que Pedro não tinha ido para a escola, para a mãe ir até lá conversar com o menino. Quando a Dri chegou, sozinha, a cena foi bem típica de uma mãe brava e preocupada com um filho adolescente "rebelde" que não se abria. O castigo do Pedro foi ficar sem o chip do celular, que a Adriana confiscou sob as ordens do ex. Por medo, o garoto pegou o chip e o enrolou em fita crepe, dando várias voltas, demonstrando que não queria que ninguém acessasse as informações que continha. Ele ainda disse para a Adriana guardar, mas não abrir. Por ser muito companheira do filho, ela respeitou o pedido do Pedro.

O problema é que Adriana vivia com um homem abusivo, controlador, que procurou esse chip para invadir a privacidade do garoto. O que ele encontrou ali foi muito satisfatório, porque virou munição para que ele coagisse ainda mais a esposa e atingisse seu ponto mais fraco, que era o filho. "Olha aí seu filho viadinho. Porque ele não quer ir para a escola", foi a frase que ele disse quando Adriana acordou de madrugada e o pegou mexendo no celular. Como se não bastasse a invasão de privacidade, o sarcasmo com que ele havia dito aquelas palavras, ele ainda ordenou que a Dri reunisse toda a família e "desmascarasse" o filho, além de tirá-lo da casa da avó, um ambiente seguro, para morar com ela e o companheiro abusivo.

Por medo, ela acatou: no dia seguinte, colocou o filho contra a parede na frente de toda a família e o "tirou do armário" de maneira forçada. Pedro só tinha 14 anos. Em um primeiro momento, podemos ter até raiva da atitude da Adriana, mas, por mais absurdo que possa ser descrever essa cena, a realidade é que ela também era vítima nessa história. Ela não queria ter feito aquilo. Ela só agrediu o filho porque sabia que, se não fizesse, em casa sofreria agressões do marido por "desobedecê-lo", além do receio de ter a intervenção direta dele na situação. Tanto é que, nos dias depois do acontecido, ela tentou ajudar o filho de alguma forma com coisas banais, como preparar seu café antes de ele ir para a escola. O marido não gostava e a agredia.

Por mais que as violências acontecessem sem a presença de Pedro, o menino sabia que aquele lugar não era seguro e não queria morar ali. Ele queria voltar para a casa da avó, principalmente quando passou a ser também alvo das agressões físicas e morais. Pelas costas de Adriana, o padrasto do garoto tentava "convertê-lo" levando-o para casas de prostituição, por exemplo. O ápice da violência contra o adolescente foi quando o homem o levou para um canavial e o ameaçou de morte caso ele não "virasse homem". Adriana, naquele momento, não sabia das agressões que o filho sofria; ela só veio ter noção anos depois. E, mesmo que soubesse, não iria reagir por conta dos abusos psicológicos e físicos que sofria. A única saída que ela encontrou para manter o filho a salvo dessa relação doentia foi se afastar dele.

Pedro voltou a morar com a avó e, em determinado momento, a própria avó, que desconfiava das coisas horríveis que aconteciam naquela família, sugeriu que Adriana o mandasse para outro país para estudar. Entendendo que sua mãe queria salvar o menino, Adriana embarcou na ideia. Ela emancipou o Pedro, que foi estudar na Argentina e tudo parecia ter se resolvido (ao menos em relação à proteção do filho). Mas logo depois, ainda sob os ataques do ex-companheiro, com a pressão de estar presa em um relacionamento desgastado, Adriana sofreu um acidente vascular cerebral (AVC).

Longe do filho, ainda sob o mesmo teto que seu agressor, a recuperação de Adriana foi sofrida. Enquanto ainda se recuperava das sequelas do derrame, teve a ideia de buscar o nome do Pedro na internet, sem pretensões, mas essa decisão aleatória foi essencial para sua vida mudar radicalmente. Na pesquisa, Adriana descobriu que o ex tinha feito uma dívida muito alta em nome do garoto. Ele aproveitou que Pedro estava emancipado e que tinha acesso aos dados dele para fazer isso. Essa foi a gota d'água para ela. Só uma mãe sabe a força que nasce dentro de si quando mexem com seu filho.

Vale lembrar que, até então, ela não sabia das atrocidades do companheiro contra Pedro, por isso, depois de descobrir a dívida, conseguiu reunir o que lhe restou de forças e pediu o divórcio. Com o alívio de se livrar da vida que vivia, ela decidiu ir morar com o filho na Argentina. Os dois ficaram juntos em terras *hermanas* por um ano - o melhor ano da vida dos dois, segundo a Dri - e começaram, juntos, a cuidar das feridas abertas no passado.

> ***Ali foi o estopim. Mexer com meu filho me deu coragem para sair fora, para acordar. Eu não precisava passar por aquilo.***
>
> — ADRIANA MORENO

Nas conversas que eles tinham, ambos começaram a descobrir que não sofreram sozinhos. A questão é que haviam sofrido calados para não "incomodar" um ao outro. Desde esse ano que passaram juntos, Pedro entendeu o que a mãe tinha passado e a perdoou, e Adriana se perdoou porque fez o melhor que pôde na situação em que estava. E essa é a parte que mais nos toca na relação dos dois, a compreensão. Compreender que algumas atitudes da própria mãe contra você, por mais amargas que possam ter sido, foram por amor, mesmo que distorcido, não é fácil. Entender e acolher sua mãe, que viveu anos sob uma relação tóxica que deturpou todo seu conceito de carinho, de afeto, é um feito que só uma pessoa com coração puro, como o Pedro, poderia fazer. A gente afirma isso porque, após a gravação com Adriana, fizemos uma chamada de vídeo com seu filho e, mesmo à distância, dava para sentir que ali estava um homem maduro que interpretou muito bem todas as mazelas que acometeram a vida de sua mãe e que respingaram nele.

Não é fácil ter essa maturidade, muito menos ter a humanidade da Adriana. Ela também nos deu um outro olhar para o conceito de compreensão. Por mais que ela chore por se sentir responsável por tudo o que aconteceu durante todos os anos que ela e o filho viveram nesse caos, ela sabe que não é culpa dela. Compreender que seus erros (se é que podemos chamar assim) são decorrentes do abuso é muito difícil, já que você é o sujeito daqueles feitos. Mas isso não é incomum em casos de mulheres vítimas de violência doméstica. O medo do agressor, as ameaças e a agressão psicológica são tão intensos que elas se sentem culpadas mesmo sendo vítimas. Basicamente, a coisa é tão surreal que a mulher é "treinada" para sentir culpa.

O artigo "Mulher vítima de violência: desbravando as razões da culpa feminina"[5], escrito por Jocelaine Espindola da Silva Arruda e Nanci Stancki da Luz, reflete sobre como as atitudes de um homem ainda são vistas como reação a uma ação feminina. Isso faz com que muitas ações de abuso sejam consideradas "justificáveis" e até retransmitidas a outras gerações. Elas concluem: "A culpa feminina é uma realidade presente na vida das mulheres e seu enfrentamento exige uma modificação de mentalidade e de postura" .

---

5 DA SILVA ARRUDA, *Jocelaine Espindola;* DA LUZ, *Nanci Stancki. Mulher vítima de violência: desbravando as razões da culpa feminina. Seminário Internacional Fazendo Gênero 10 (Anais Eletrônicos), Florianópolis, 2013. Disponível em: http://www.fg2013.wwc2017.eventos.dype.com.br/resources/anais/20/1385127992_ARQUIVO_JocelaineEspindoladaSilvaArruda.pdf*

Para Adriana, quebrar essa ideia enraizada depois de viver anos sob todas as ameaças possíveis não é fácil, e reconhecer que algumas atitudes, por mais erradas que possam parecer, foram tomadas por ser a maneira como ela conseguiu salvar o filho é algo muito notável.

Por sorte, Adriana e Pedro nasceram para ser almas gêmeas. A maturidade dele, unida à humanidade dela, e o senso de compreensão dos dois fizeram as coisas começarem a mudar na vida deles. Um tempo depois de se separar, a Dri conheceu o Luiz, seu atual marido, que é um paizão para o Pedro e que a apoia e a acolhe incondicionalmente. Não só acolhe como respeita suas vulnerabilidades. Luiz é um homem raro no mundo, daqueles que você realmente quer como pai, e ele não poderia fazer parte de outra família se não essa.

Além de ter um casamento leve e de construir uma família com base no amor, Adriana buscou superar as dores da violência; tanto as dela, como mulher, quanto as que o Pedro havia sofrido. Para isso, ela se juntou ao grupo Mães pela Diversidade, uma organização não governamental que reúne mães e pais de crianças, adolescentes e adultos LGBTQIA+, criada em 2014 pela mãe e ativista Majú Giorgi. No grupo, Adriana encontrou mais apoio, mais acolhimento e passou a conhecer histórias de outras mães que passaram por coisas parecidas e que também veem nela um porto seguro.

O orgulho e o amor que ela sente pelo filho é, e sempre foi, imenso, sem limites! Tanto que a primeira vez em que ela foi na Parada do Orgulho LGBT de São Paulo, com o Mães pela Diversidade, ela e Luiz estamparam a capa de mais de trezentos jornais mundo afora em uma foto linda, gritando e expurgando as dores de um passado que não lhes pertence mais. O sentimento de liberdade é o que aflora hoje na vida dessa família que encontrou na compreensão e no perdão a força de que precisavam para trilhar seu caminho juntos.

Foi difícil nos despedir da Adriana. Voltamos para o carro dando passos de tartaruga. A cada metro andado, a gente ficava pelo menos dez minutos conversando com ela, Luiz e Lucas. Nossa vontade era passar o final de semana inteiro ali. Partimos já com a promessa de voltar e realizar o nosso primeiro encontro com o Pedro, dessa vez presencialmente. Nós o conhecemos através do olhar mais amoroso possível, o da sua mãe, e a conexão foi tanta que a sensação era de que ele estava presente ali também.

Compreender a finitude

— Luísa Chequer —

HISTÓRIAS DE TER.A.PIA **#183**

ALE FOI PASSAR O Ano Novo de 2022 em Portugal e voltou de lá com uma das histórias mais emocionantes sobre luto que já contamos no Ter.a.pia, a história da Luísa, que, aos sete meses de gravidez, perdeu a mãe, que lutava contra um câncer. Um amigo recomendou que encontrássemos Luísa para gravar a história dela, mas tinha um porém: ela morava na Bahia – para quem não sabe, a maior parte das gravações acontece em São Paulo porque somos daqui. Mas essas forças complementares, a morte e a vida, em uma mesma história nos fascinaram tanto que nos organizamos para fazer uma temporada de *Histórias de Ter.a.pia* em Salvador, que consideramos uma cidade mágica; e isso se confirmou com a potência de todas as histórias que trouxemos de lá.

O nosso fascínio com a história da Luísa foi reforçado, porque foi admirável ouvir todos os detalhes dela, que estava acompanhada de Luz, sua filha e protagonista dessa história junto à mãe e à avó, dona Dina. Aliás, protagonista não só da história como do dia da gravação também! Luz lavou a louça, brincou, pediu colo, mamou, fez caras e bocas durante toda a gravação, que, por mais que fosse sobre uma história mais densa, ficou leve nos momentos em que a nenê tirava boas risadas de nós dois e também da Luísa.

Luísa é baiana, mas estava morando e trabalhando em São Paulo quando, um dia, seu pai ligou falando que sua mãe havia passado mal. A ligação foi uma daquelas situações que parecem mentira de tão sincronizadas com o momento. Luísa já estava planejando voltar para a Bahia para passar suas férias; não só planejando, estava com as passagens compradas, e a ligação do seu pai aconteceu um dia antes de ela viajar. A questão é que essas férias acabaram se tornando sua ida definitiva para lá, porque, quando chegou em sua cidade e foi ao hospital encontrar a mãe, viu que ela estava internada na ala oncológica. Foi aí que ela entendeu que a saúde de sua mãe estava em jogo, não era só uma indisposição. Dona Dina tinha um câncer em estado avançado, estava com metástase na coluna e em glândulas adrenais. Por toda essa situação, não tinha como a Luísa voltar para São Paulo, e ela fez questão de ficar todo o tempo possível ao lado da mãe durante o tratamento. Acompanhá-la nesse período turbulento era algo que mexia bastante com Luísa, porque para ela a morte estava rondando a família nesses meses desde a descoberta.

Tudo ficou ainda mais agitado quando ela descobriu uma gravidez inesperada. Nesse momento, dona Dina já estava com a doença bastante avançada. Luísa até associa sua gravidez com um ato inconsciente de trazer vida para a família, já que a partida de sua mãe era iminente. Luísa dormia ao lado da mãe e acordava de hora em hora, durante a noite, para ver se ela ainda estava respirando. Esse período foi bastante intenso e, ainda que a gravidez tenha trazido muito conforto para ela e a família, nada foi fácil.

A própria Luísa não viveu boa parte desse momento tão marcante na vida de uma mulher porque toda sua atenção estava voltada para a mãe, que vinha piorando. Até que, aos sete meses de gestação, dona Dina passou mal em casa e Luísa tentou socorrê-la. Ligou para a médica que cuidava dela e ambas decidiram levá-la para o hospital. Foi naquele momento que ela entendeu que sua mãe não voltaria. No hospital, a médica perguntou o que deveria ser feito e elas decidiram entrar com os protocolos de cuidados paliativos para que dona Dina estivesse bem assistida, mas que não passasse por nenhum procedimento invasivo, como entubação, por exemplo. A ideia era dar a ela o máximo de conforto possível.

Dona Dina ficou internada por um tempo e, certo dia, a médica ligou para Luísa e pediu que ela fosse até o hospital. Aquela ligação foi para avisar que sua mãe estava partindo e, para a médica, era importante que Luísa se despedisse, já que era ela quem tinha passado meses ao lado da mãe durante o tratamento. Sem contar que a própria Dina, que estava bastante debilitada, conseguiu falar o nome da Luísa. Era um sinal de que queria ver a filha.

No momento em que a Luísa entrou no quarto para se despedir da mãe, uma onda de emoções a tomou, e ela não conseguiu ficar muito tempo ali, apenas o suficiente para dizer à dona Dina que ela, seu pai e Luz ficariam juntos, para a mãe ficar tranquila. Depois de se despedir, Luísa foi para casa e seu pai ficou no hospital, junto com uma amiga de dona Dina, Katia, como acompanhante. Ele decidiu mostrar para Katia uma música feita por outro amigo da família, Renan, que a escreveu especialmente para o momento, com a chegada de Luz, filha da Luísa, e a partida da dona Dina. A letra da música, que se chama "Luz", fala justamente sobre o medo da família de que Dina não conhecesse a neta; mas para Renan o encontro já tinha sido realizado. O laço entre Luz, Dina e Lu já estava consagrado, afinal Luz se desenvolvia dentro da Luísa enquanto ela cuidava de sua mãe, e sabemos que nesse momento a criança já começa a interagir com o futuro que a espera. Pensando nisso, ele escreveu a letra que diz: *Luz já está entre nós / Pode ouvir nossa voz.*

Dentro do quarto do hospital, o pai de Luísa colocou a canção para tocar no celular. Ele estava de um lado da cama de Dina e a amiga, do outro. Na primeira vez em que ele deu play, um enfermeiro entrou e atrapalhou a escuta. Em uma segunda tentativa, eles foram novamente interrompidos por alguém que entrou no quarto. Na terceira vez, o pai de Luísa e a amiga conseguiram ouvir a letra toda e, assim que a música acabou, Katia pegou no braço dele, que estava virado um pouco de costas para a cama, e disse que Dina havia acabado de partir. Dona Dina partiu sabendo que sua neta, Luz, estava presente, mesmo ainda não tendo nascido. Ela partiu ouvindo a oração da família escrita por Renan.

Quando o pai da Luísa chegou em casa, ela estava deitada no sofá com a barriga de sete meses de gravidez para cima e o viu passar direto e ir para o quarto. Ela entendeu que sua mãe tinha partido, até porque momentos antes estava pensando em seu avô materno e, no meio do pensamento, surgiu um campo de flores lindíssimo no centro do qual estava dona Dina, com um sorriso lindo, olhando para Luísa sem nenhum semblante de doença. Quando ela voltou a si e viu seu pai indo direto para o quarto, resolveu gritar: "Ela morreu?" e ele respondeu: "Não! Ela partiu".

Luísa começou a chorar e, para sua surpresa, era de alívio. Um choro que ela não tinha derramado antes, já que todo mundo carregava muita dor, muita angústia. Dessa vez, o choro foi de compreensão da finitude da vida. Nesse momento, ela começou a agradecer a Deus pela partida da mãe, não porque queria se afastar de dona Dina, mas porque sabia que ela não merecia sofrer e assim se encerravam aqueles meses de sofrimento desde a descoberta do câncer.

É bonito pensar como a história da Luísa é recheada de compreensão, sempre voltada para a questão da finitude da vida. Além da beleza como ela entendeu a partida da mãe, quando ouvimos a versão da história por Renan, amarrada com sua música, podemos perceber que partir não significa que o laço se rompeu. O medo da família da Lu e dona Dina, de certa forma, era de que vó e neta não se conhecessem fisicamente. De fato, isso não aconteceu, mas tem uma parte da canção que diz: *Ventre do som / soa além de quem tenta entender / o que não é pra ser explicado ... Fortes e fracas e amém / sejam mulheres bem-feitas num mel de três / elos inseparáveis*. Nesse trecho, a gente cai naquele clichê preciso de que há coisas que não têm explicação, como a partida da Dina, mas que aquelas três mulheres, Lu, Luz e Dina, são elos inseparáveis independente da materialidade, da presença física.

> ***Luz me ajudou a ressignificar a passagem de minha mãe. Eu olho minha filha e, muitas vezes, vejo minha mãe. É a certeza da continuidade.***
>
> — LUÍSA CHEQUER

Dois meses depois da partida de Dina, Luz veio ao mundo para iluminar toda a família da Luísa, que ainda estava muito sentida com o luto da matriarca; mas a bebê veio ressignificar a perda, trazer a compreensão de que a avó havia partido, não morrido. Enquanto ela estiver viva na memória de Luísa, de seu pai, de familiares e amigos, ela estará presente. E vai ser muito difícil essa memória se apagar, porque primeiro Renan Ribeiro eternizou essa aliança entre avó, mãe e filha em uma das mais lindas canções que a gente já ouviu - sem brincadeira! Além disso, Dina ser eternizada é o que alguns chamam de DNA, mas Luísa encara como a certeza da continuidade, a ancestralidade mesmo. Dina está viva nos trejeitos, nos olhares, nas feições de Luz, assim como Luz esteve presente, antes mesmo de nascer, em tudo aquilo que sua avó foi um dia.

Luísa nos contou cada detalhe dessa trajetória segurando Luz no colo. Ficamos ali com a sensação de que também estávamos conhecendo dona Dina. Uma vontade de chegar um pouco mais perto dessa história invadiu o peito e perguntamos se Luísa poderia nos apresentar o Renan, compositor da música. Ele aceitou o nosso convite imediatamente e partimos dali para a casa dele. Não podíamos publicar essa história sem incluir a canção que acompanhou a passagem de dona Dina. Passamos mais algumas horas com o Renan e, realmente, ele nos apresentou mais um pouco de Dina. Já havíamos nos encantado pelo olhar da filha, e o olhar do amigo veio para completar a energia de amor que ela deixou como herança.

A lembrança nos transportou para o passado e, por mais que nós dois não estivéssemos presentes nas histórias que ouvíamos, dava para sentir quanto afeto tinha nessa relação. Seguramos o choro atrás da câmera, assim como o Renan atrás do violão. Ouvir a música ressoar pela casa dele foi como dar um abraço em dona Dina e dizer para ela que Lu tinha razão: eles seguiam aqui juntos com ela.

·6·
CORAGEM

Coragem não é ausência de medo

O que é coragem para você? E se a gente disser que ser corajoso não é não ter medo? Ser corajoso tem muito pouco a ver com o estereótipo do super-herói que enfrenta tudo sem sequer assimilar o que está acontecendo. Isso é impulsividade, aventura. No livro *A sorte segue a coragem!*, Mário Sérgio Cortella define coragem como "uma virtude, uma força intrínseca, não é apenas marcada pela disposição de partida. Não se trata de 'eu quero, eu vou, faço e aconteço'". Em outras palavras, coragem, na verdade, tem mais a ver com audácia, determinação e a grandeza de reconhecer os limites, sejam os seus ou das situações que você vivencia, para que, assim, você possa se preparar e enfrentar o que precisa.

Coragem para desistir... e recomeçar

— *Bruna Yumi* —

HISTÓRIAS DE TER.A.PIA #48

UM DOS ASSUNTOS mais recorrentes em mesa de bar é trabalho. Seja sobre *aquele* chefe, o emprego dos sonhos que virou pesadelo ou as fofocas do dia a dia de uma empresa, sempre dividimos com nossos amigos questões profissionais. E isso era bastante recorrente nos encontros da Bruna e do Ale. Os dois são amigos há algum tempo. Eles se conheceram no meio de um bloco de carnaval e, mesmo no meio de tanta coisa acontecendo, a energia bateu tão forte que desenvolveram uma amizade bastante sólida, em que podiam contar um com o outro para falar sobre frustrações, medos e os empregos em que estavam.

Em 2019, ambos estavam cansados dos respectivos trabalhos, sempre saindo tarde, fazendo horas extras sem fim, sem sobrar tempo para viver tudo o que a vida tem para oferecer depois do expediente. Bruna trabalhava com turismo em uma agência de viagens porque essa tinha sido profissão que havia surgido para ela na adolescência, naquele período em que você precisa decidir o que quer fazer para toda a vida. Na época, ela escolheu cursar turismo por conta dos grandes eventos que o Brasil iria sediar, como as Olimpíadas e a Copa do Mundo. Mas já dentro da área, com um cargo bom, ganhando razoavelmente bem, ela foi se sentindo incomodada e não se enxergava mais fazendo parte daquele sistema que sugava toda sua energia.

A estafa mental e o cansaço diário começaram a pesar, e ela sentiu a necessidade de mudar; mas é preciso de muita coragem para largar algo em que você é bom e que paga suas contas no fim do mês, e essa mudança ficou reprimida por dois longos anos. Anos que não passaram ilesos nas mesas de bar. Se é comum falar sobre trabalho com os amigos tomando uma cervejinha, tornou-se algo quase certeiro as conversas que girariam em torno da insatisfação profissional da Bruna com seu antigo trabalho. Até que um dia, uma amiga mandou a real e questionou Bruna com a frase que ela jamais vai esquecer: "A gente passa muito tempo fazendo o que não gosta, então elimina isso logo da sua vida".

O conselho da amiga reverberou profundamente na Bru, e ela se sentiu motivada a agir. Mas para onde ir? Como fazer? O que fazer? Apesar da certeza do que ela não queria para sua vida, ter certeza do que queria era algo que a assustava. No entanto, como naquela frase que diz "se tiver medo, vai com medo mesmo", ela criou coragem para mudar e procurou costurar seus caminhos – literalmente! Isso porque, desde muito nova, a Bruna sempre gostou muito de costurar; aprendeu o ofício com a avó paterna quando tinha cerca de 13, 14 anos. Não por acaso, Bruna nos contou essa história lavando louça na cozinha de sua avó, no bairro do Tatuapé, em São Paulo.

O sonho de costurar era distante, já que ela não tinha qualquer contato com o mundo da alta costura. Mas por que não trabalhar com costura enquanto está desempregada? Então, logo que se demitiu da agência de turismo, ela foi se virando e fazendo bicos de costureira para entrar um dinheirinho durante esse período. Um ajuste em uma barra de calça aqui, uma pence ali, e as coisas foram tomando uma proporção que ela não calculava, mas que foi essencial para ela resolver investir a fundo nesse sonho que estava adormecido.

Ela foi atrás de um curso e começou a modelar alguns pilotos de quimonos inspirados nas peças que sua avó materna, descendente de japoneses, usava. O primeiro piloto quem comprou foi uma colega da aula de dança. Essa primeira venda de uma peça, que foi feita em cima de uma ideia que saiu da sua cabeça e ganhou vida por suas próprias mãos, fez a Bruna virar a chavinha de que ali estava seu futuro. Pouco tempo depois da primeira peça, ela começou a vender outras para amigos próximos que se apaixonaram pelos quimonos, e a coisa toda foi escalonando de um jeito muito positivo. Assim estava sendo gerada, e nasceria logo, logo, a marca Chila, inspirada na canção "O Cidadão do Mundo", de Chico Science.

São essas mudanças que a gente precisa ter coragem. Não é fácil, mas temos que ter na cabeça que ninguém vai fazer isso por você.

— BRUNA YUMI

Quatro anos depois de tomar coragem, Bruna segue com a Chila, e seu negócio vem crescendo cada vez mais. Antes ela costurava em seu quarto; hoje já tem o próprio ateliê. Ela fazia todo o processo sozinha, de comprar o tecido a entregar as peças para os clientes nas estações do metrô de São Paulo – até dentro do mercado ela já foi encontrar clientes para entregar as roupas encomendadas. Agora contratou outra costureira para ajudar no grosso das produções, criou um site para vender suas criações mais facilmente e já não vai até as catracas de metrô, porque conseguiu um serviço de frete na cidade de São Paulo. E não para por aí: em nosso programa da Tastemade TV, quem assina nosso stylist é ela.

Desistir de algo é extremamente difícil; recomeçar então... dez vezes mais! Por mais que a Bruna tenha ficado dois anos cozinhando em fogo brando sua saída da agência, foi a coragem que abriu caminho para ela chegar até aqui e estar finalmente realizada com o seu trabalho. Não é nem um pouco fácil, mas nada tira o sono de alguém que escolheu ser feliz.

Coragem para fazer a diferença

— Carolina Iara —

MULHERES NO COMANDO #06

RARAMENTE GRAVAMOS duas vezes com a mesma pessoa para o Ter.a.pia, mas com a Carolina Iara foi diferente. Nós a conhecemos em 2019, ainda no começo do projeto, quando tínhamos um quadro chamado "Em Pratos Limpos", em que convidávamos especialistas para conversar sobre determinados assuntos. A gente convidava principalmente psicólogos, terapeutas e psiquiatras para falar sobre relacionamentos, ansiedade, masculinidade e, em um desses episódios, nós falamos sobre transgeneridade acompanhados não só de um médico psiquiatra que trabalha com a população LGBTQIA+, mas também do pai de um garoto trans e da Carol Iara, uma travesti intersexo HIV positivo que à época era mestranda em ciências sociais.

O papo foi superlegal e ficamos com vontade de trazer a Carol novamente para o Ter.a.pia, dessa vez no quadro oficial, lavando louça e contando sua história para a gente, já que tivemos um gostinho da potência dela durante a gravação desse outro quadro. A oportunidade surgiu em 2021, quando lançamos a série "Mulheres no Comando", contando a história de mulheres que se destacavam em suas profissões, muitas delas tidas como "masculinas" ou nas quais a presença da mulher ainda é questionada ou excluída, como política e negócios.

Você deve estar se perguntando onde entra a Carol Iara aí, né? Alguns meses antes da gravação da série, a Carol, junto com Silvia Ferraro, Paula Nunes, Dafne Sena e Natália Chaves, compunham a Bancada Feminista, um mandato coletivo que disputou e ganhou as eleições municipais para vereadores na cidade de São Paulo, em 2020. Desde que tinha gravado com a gente, ela havia terminado sua pós-graduação e entrado para a política, tornando-se a primeira covereadora trans, negra, intersexo e que vive abertamente com HIV de São Paulo – e do Brasil. Se a gente já havia amado a história dela em 2019, agora era fundamental contar sua trajetória até aquele momento em que se tornou uma parlamentar.

Fizemos o convite para a Carol, ela topou! Mas a gente teve que montar um esquema diferente para a gravação. Ela, assim como as outras parlamentares trans Erika Hilton e Samara Sósthenes, foi alvo de um atentado político no começo de 2021, antes mesmo de tomar posse como covereadora.[6] Um carro parou de madrugada em frente à residência dela e disparou dois tiros contra a casa. Câmeras de segurança registraram o ataque e os vizinhos confirmaram ter escutado os disparos. Por sorte, nem Carol nem seus parentes se feriram. Entretanto, por conta disso, tivemos que gravar em um local diferente. Ela também teve que ser escoltada por um segurança da Câmara até o local onde realizamos a gravação. Foi algo bastante

---

6 POLÍCIA *investiga se há elo entre ameaças a vereadoras trans em São Paulo: Duas co-vereadoras do PSol foram ameaçadas em suas casas e tiveram que mudar de endereço; outra parlamentar relata intimidação no gabinete. Metrópoles, São Paulo, 1 fev. 2021. Disponível em: https://www.metropoles.com/brasil/policia-investiga-se-ha-elo-entre-ameacas-a-vereadoras-trans-em-sao-paulo.*

tenso para nós, que queríamos registrar a história dela, mas não queríamos colocá-la em risco de qualquer forma. Por sorte, tudo deu certo e hoje estamos aqui contando mais uma vez uma história que vale muito a pena ser conhecida, ainda mais quando estamos falando de coragem. Coragem é quase o sobrenome de Carol.

Chegar na cadeira que ela ocupa na câmara dos vereadores da maior cidade do país não foi fácil. Primeiro porque as instituições não enxergam como válidas as candidaturas coletivas. Isso porque reunir mais de um candidato para a mesma vaga com a premissa de oferecer uma gestão parlamentar horizontal e livre de hierarquia é uma prática que não tem legislação reguladora. Desde 2016, tivemos mandatos coletivos eleitos em todo o Brasil, mas apenas um dos cocandidatos têm seu nome atrelado ao cargo, os demais são legalmente considerados assessores. Outro ponto é que, quando a existência de pessoas como a Carol e seu cargo envolve estruturas institucionais preconceituosas, há tentativas de todas as formas para que ela e suas companheiras trans sejam expulsas da Câmara.

Embora ameaçada, Carolina Iara sente que esse ataque só a fez querer lutar ainda mais por direitos e pela cidade de São Paulo. Já diria Conceição Evaristo, citada lindamente por Carol na gravação: "Eles combinaram de nos matar, mas a gente combinou de não morrer".

O direito de sonhar é o que a gente precisa nutrir. Eu acredito que transformar a dor em luta dá um caminho para a ação, para alcançar novas coisas.

— CAROLINA IARA

Mesmo porque não é de hoje que a travesti encara barreiras em sua vida. Em 2008, aos 15 anos, ela assumiu sua identidade transgênera e começou a se aproximar de movimentos sociais, principalmente os LGBTQIA+. O leque das questões sociais aumentou quando ela passou a trabalhar na área da saúde e começou a se envolver com pautas de direitos humanos e violência contra a mulher. Em 2014, Carol descobriu ser portadora do HIV e começou a se envolver também com pautas sociais voltadas aos direitos das pessoas soropositivas. Em 2017, descobriu-se intersexo e se aproximou da Associação Brasileira de Intersexos (ABRAI).

Uma pessoa intersexo é aquela que nasce com características sexuais que não se enquadram nas normas médicas e sociais para corpos femininos ou masculinos. Há inúmeros aspectos desconformes que classificam uma pessoa intersexo, como cromossomos, órgãos genitais, gônadas, hormônios e outras anatomias reprodutivas. Um exemplo mais popular disso é o hermafroditismo, quando a pessoa nasce com genitais tanto masculinos como femininos.

No momento em que a Carol descobriu sua condição intersexual, começou a questionar coisas em seu corpo e a se lembrar de cirurgias feitas ainda criança, com cerca de seis anos, para "corrigir" sua ambiguidade genital, sendo que na época ela sequer tinha noção do que estava acontecendo. Todas essas descobertas, desde sua identidade de gênero, aos 15 anos, até sua intersexualidade, já na fase adulta, trilharam seu caminho para a política.

E por mais que seja difícil estar em um ambiente cercado de pessoas que não a querem ali, Carol segue firme na luta, apoiada por toda a sua rede de afeto, que vai de sua mãe, que sempre esteve ao seu lado, até suas alianças políticas. As dores de uma vida marginalizada e estigmatizada viram catalisadores para que ela continue na ativa e em busca do sonho de uma vida melhor para todos. Vai me dizer que isso não é coragem?

Coragem para enfrentar obstáculos

— Eliane Dias —

MULHERES NO COMANDO #03

AINDA DENTRO DA SÉRIE que produzimos com mulheres no comando de suas carreiras, tivemos uma das pessoas mais impressionantes contando sua história: Eliane Dias. Eliane é advogada, conselheira da OAB e empresária responsável pelo grupo mais famoso do rap nacional, o Racionais MC's. Convidar Eliane foi uma decisão muito certeira. Não imaginávamos que ela iria aceitar, mas arriscamos e pudemos passar uma tarde inesquecível de troca com ela.

Quando estávamos nos preparando para ir até a casa dela, lemos algumas reportagens e entrevistas que Eliane havia concedido e todas a colocavam em uma redoma muito específica: dura, séria, brava. Mas quando chegamos em seu apartamento, no extremo sul de São Paulo, não foi essa mulher que encontramos, mas uma canceriana decidida que soube desde sempre onde queria chegar. Uma mulher negra da periferia precisa ter determinação, o que sempre é entendido como rigidez. Mas na realidade, para ser determinada, é necessário ter muita coragem.

A história da Eliane começa no fim dos anos 1970, quando um livro achado no lixo foi a porta que se abriu para ela mudar toda sua vida. Nessa época, ela tinha nove anos e ainda não sabia ler, mas a curiosidade sempre esteve presente dentro dela. Depois de achar o livro, ela foi em busca de entender as palavras. Quando contou seu desejo para as pessoas, a resposta foi quase unânime: "Quem entende de palavras são os advogados". Isso mexeu com todas as entranhas da pequena Eliane, que naquele momento decidiu ser advogada.

Mas muitos obstáculos precisariam ser superados para ela alcançar seu sonho, já que vinha de uma família pobre, periférica, gerida por uma mãe solo empregada doméstica que contava com mulheres da vizinhança para cuidar dos filhos. Mulheres essas, inclusive, que eram destinadas a ser donas de casa, sem liberdade, submissas aos homens. Eliane até comenta que todas as vizinhas eram conhecidas por serem esposas de alguém. Elas mal tinham identidade própria – como a dona Maria, que cuidava de Eliane enquanto sua mãe trabalhava, que não era apenas dona Maria, mas a dona Maria do seu Juca.

Eliane não queria isso para ela. Queria entender as palavras, mas também queria ser livre, sem depender de ninguém. Só que os exemplos à sua volta mostravam que isso era praticamente impossível. Ela só foi descobrir que poderia ser uma mulher independente quando começou a trabalhar, ainda adolescente, como doméstica. Em uma das casas em que trabalhava, sua patroa também era uma mulher no comando, e isso acendeu uma fagulha de esperança no peito de Eliane. O problema era que as realidades não eram as mesmas. Sua patroa era rica, branca, teve fácil acesso aos estudos; não era alguém com quem ela poderia se equiparar. Conhecer as palavras, para Eliane, pareceu ser algo inatingível, ainda mais naquela época em que não existia nenhuma ação afirmativa para ingresso nas universidades.

Embora tudo estivesse contra ela, Eliane não deixou as coisas esmorecerem. Ela queria entender as palavras, não queria? E foi atrás disso que ela correu. Depois de um tempo trabalhando como doméstica, ela largou o emprego e começou a trabalhar em meio período em uma fábrica de sucos industrializados, e com seu salário bancava o próprio ensino médio. Ela também foi atrás de cursos profissionalizantes e técnicos para estar cada vez mais próxima de entender as palavras, já que a universidade ainda era algo muito alto com o que sonhar.

Durante esse período, Eliane se casou com Mano Brown, que já era uma estrela em ascensão (amada e odiada) no mundo da música nacional, e engravidou do primeiro filho, Jorge. Ela continuava trabalhando, era bem remunerada, mas precisou largar tudo para ficar em casa cuidando do filho. Isso porque ninguém queria cuidar do filho do Mano Brown, que por ser rapper, preto, periférico e falar verdades dolorosas em suas letras, era visto com olhos tortos pela mídia tradicional e, consequentemente, por parte da população influenciada.

Esse desgosto social – para não falar racismo e elitismo – contra Brown afetou diretamente Eliane, que teve que abrir mão do seu sonho para cuidar do filho. Mais uma vez, ela se viu distante de entender as palavras e decidiu seguir na jornada da maternidade de uma vez por todas. Ela sempre quis dois filhos, e tentou ter o segundo logo para ficar fora do mercado de trabalho em uma tacada só, mas a menina demorou para chegar. Foram quatro anos esperando Domênica e, quando ela finalmente chegou, Eliane não conseguia voltar a trabalhar. O problema? Ser mãe. Em uma sociedade na qual a maternidade é um problema, decidir estar próxima dos filhos nos primeiros anos de suas vidas a invalidou como profissional.

Só que estamos falando de Eliane Dias. Determinada. Corajosa. Nada nunca tirou dela a vontade de entender as palavras. Se o mercado de trabalho não a queria mais, ela voltou seu foco para a educação. Ela iria voltar a estudar e agora estudaria para ser advogada. Era a sua oportunidade. Sua bolsa de estudos foi o Brown, que no início teve certa relutância em pagar a faculdade dela, mas Eliane bateu de frente e fez com que ele a ajudasse. A ajuda era única e exclusivamente para a mensalidade, mas ela sempre foi esperta e, para garantir um dinheirinho extra para transporte, livros e outras demandas acadêmicas, economizava na feira, no mercado, na luz e até no papel higiênico.

Todo esse esforço compensava, mesmo tendo jornada tripla com faculdade, filhos e casa, porque finalmente ela tinha conseguido dar início ao seu sonho. No quarto ano de direito, Eliane conseguiu um estágio na Procuradoria Geral do Estado de São Paulo, que pagava a ela 350 reais. Desses, ela dava trezentos para sua sobrinha cuidar das crianças enquanto estava fora. A jornada tripla continuou, mas ela conseguia ter tempo para se dedicar aos estudos e à profissão, e assim conseguiu se formar e conquistar seu sonho.

Já formada, Eliane abriu seu próprio escritório, começou a trabalhar com política institucional e hoje consegue viver plenamente seu sonho. Ela estava tomando conta da própria vida, como havia planejado ainda aos nove anos, até que mais uma provação bateu à sua porta. Ela recebeu a proposta de se tornar a empresária do Racionais MC's, grupo de rap do qual seu marido, Mano Brown, era líder. Passaram-se longos seis meses até ela tomar a decisão final de aceitar a proposta. Não foi fácil, porque ela teve que pausar novamente seu sonho, no qual ela tem certeza de que seria muito bem-sucedida – até mais do que como empresária. Mas foi um risco que ela decidiu correr. Mais um movimento de coragem no tabuleiro de xadrez de sua vida.

Eliane tem consciência de que uma mulher negra abala as estruturas racistas e machistas do mundo do direito e da política, onde ela também atuava. É só relembrarmos a história anterior, da Carolina Iara, ou pensarmos em Marielle Franco, assassinada em 14 de março de 2018. Assumir a carreira de Brown e do Racionais MC's foi uma estratégia dela para construir um futuro para si, para seus filhos e para os integrantes do grupo. E, diga-se de passagem, foi uma estratégia perfeita, porque Eliane é notadamente reconhecida por reerguer a carreira do marido e do grupo nos anos 2010.

Há mais de sete anos ela é responsável por colocar o Racionais MC's e Mano Brown de volta à ativa, fazendo shows e criando outras frentes de trabalho, como a produtora Boogie Naipe e a carreira solo de sucesso de Brown. A coragem de sacrificar seu sonho valeu a pena para ela no fim das contas, por mais custoso que tenha sido.

Mas um sonho de verdade nunca morre, e em 2021, depois de muito chorar de saudade do direito, surgiu a oportunidade de Eliane ser conselheira na Ordem dos Advogados do Brasil (OAB), trabalho do qual ela ainda faz parte e que a fez se sentir realizada novamente.

Para nós, a Eliane é o retrato da mulher negra brasileira. Quando ela se coloca em primeiro lugar em suas escolhas, mostra para todos ao redor que é possível. Tanto que, depois de ela ter sido a primeira a conquistar um diploma universitário na família, as coisas começaram a fluir para todos os seus parentes. Sua irmã, seu irmão, sua sobrinha... todos seguiram o caminho aberto por ela lá atrás, quando botou na cabeça que queria entender as palavras. Sua coragem e determinação fizeram a diferença.

Coragem para encarar a morte

— Célia Melo —

HISTÓRIAS DE TER.A.PIA #189

ENCARAR O FIM sempre requer muita coragem. Agora imagine reunir todas as suas forças para decidir que chegou o momento de deixar o ciclo da vida se concluir? Esse foi o dilema da Célia, que precisou escolher algo muito difícil e fundamental para o conforto de sua mãe: ir até onde a medicina alcança para prolongar a vida dela ou dar o conforto necessário para que ela vivesse até onde podia? Foi assim que os cuidados paliativos entraram na vida da família da Célia.

A Célia, como a grande maioria dos nossos convidados, enviou sua história por nosso formulário. A gente a selecionou, marcou a gravação, tudo nos conformes. Chegando em sua casa, ela havia comprado flores e um pudim de leite, e nos contou que ambos eram memórias afetivas que a ligavam a sua mãe. As flores eram uma espécie de assinatura de uma floricultura que sua mãe recebia toda semana, e o pudim foi a comida-conforto que a acompanhou nos últimos meses de sua vida. Foi muito bonito chegar na casa de Célia e receber essa informação logo de cara, antes mesmo de começarmos a gravar, porque parece que nos conectou com a dona Germana, mãe da Célia, de alguma forma espiritual, energética, divina... Como queira chamar. Essa conexão fez com que a gravação naquele dia se tornasse ainda mais especial e se tornasse um dos vídeos sobre coragem e despedida mais bonitos que já tivemos.

A história das duas começa nos anos 2000, quando a dona Germana descobriu um câncer no útero que foi tratado e curado. Mas, cinco anos após a remissão da doença, ela sofreu com algumas sequelas das radioterapias que fizera. Quinze anos depois, essas sequelas evoluíram para uma doença urológica bastante grave, que fazia com que dona Germana ficasse internada com frequência. Em janeiro de 2021, as coisas se complicaram tanto que a médica perguntou a Célia o que ela e a família gostariam de fazer, já que a doença desencadeada por essas sequelas da rádio não tinha mais cura e isso causaria a morte de sua mãe.

A decisão não foi nem um pouco fácil, nem mesmo para Célia, que é formada em medicina e entendia racionalmente o que estava acontecendo com sua mãe. Receber essa notícia da companheira de profissão foi muito doloroso. Ela deveria, junto com a família, decidir se dona Germana seria entubada, faria diálise e viveria o restante da vida passando por esses e outros procedimentos invasivos.

Esse impasse entre a racionalidade médica e a emoção familiar foi bastante conflitante, mas, justamente por ser uma profissional da saúde e entender que o papel da medicina não necessariamente precisa ser o de prolongar a vida ou evitar a morte, Célia optou pelos cuidados paliativos, que são protocolos médicos destinados a quem tem uma doença que ameaça a vida. A ideia é que a equipe médica mude o foco do tratamento, passando a focar a qualidade da vida, e não sua duração, oferecendo assistência humana e compassiva para que o paciente possa viver o mais confortavelmente possível. Os cuidados paliativos surgem para melhorar a qualidade de vida do paciente e seus familiares.

No caso de dona Germana, as opções eram cuidados paliativos ou processos invasivos, como entubação, diálise e medicamentos bastante fortes, que poderiam até prolongar sua vida, mas não trariam nenhuma qualidade a ela. Antes de concordar com os cuidados paliativos, porém, era necessário que toda a família concordasse.

Célia juntou todo mundo para discutir a situação e chamou também a médica responsável por sua mãe para explicar a situação de forma transparente e imparcial, já que ela estava envolvida emocionalmente e poderia enviesar a decisão dos demais. Após todas as dúvidas tiradas, foi decidido, em comum acordo, que a melhor opção era dona Germana entrar no grupo dos cuidados paliativos. Assim foi o resto do tempo dela neste plano, cercada de muito amor da família e por cuidados médicos essenciais. Ela saía, ia ao cabeleireiro, descobriu um lugar onde comia o melhor pudim da vida dela, recebia flores semanalmente.

Quando dona Germana foi internada pela última vez, em agosto de 2021, com um caso grave de infecção, ela recebeu tratamento médico, com remédios para dor e para a infecção, mas nenhuma atitude invasiva foi feita. As medidas eram tomadas para ela não sofrer. No décimo quinto dia de internação, as medicações começaram a perder efeito e todos entenderam que a partida estava se aproximando.

Os médicos chamaram Célia e explicaram que não havia mais nada a ser feito e que liberariam o protocolo de conforto, no qual as visitas estariam liberadas 24 horas por dia, ela ficaria em um quarto exclusivo e todas suas vontades seriam feitas. Nesses últimos dias, Germana foi bastante paparicada. Ganhou uma quiche e pôde comer pela última vez o pudim que tanto amava. Cinco dias depois, ela deixou de responder às pessoas, mas ainda estava consciente e ouvindo quem a visitava. Em seu último dia de vida, ela estava muito debilitada, mas Célia ainda buscou café e molhou seus lábios para ela sentir o gosto. Sua retribuição foi um sorriso tímido dado com toda a força que lhe restava. Ela tinha amado sentir o gosto do café pela última vez. Célia se despediu da mãe às dez horas da noite, e às cinco da manhã dona Germana faleceu.

O que mais nos marcou na coragem da Célia ao encabeçar toda essa decisão foi uma conversa que ela nos contou ter tido com o irmão, Carlos. Na véspera da partida de dona Germana, ele segurou a mão de Célia e disse: "Celinha, eu tenho certeza de que vai acontecer um milagre". Célia respondeu: "Cal, o milagre não é ela sobreviver. O milagre é ela ir embora em paz".

Como disse Ariano Suassuna em *O Auto da compadecida*, a morte é o único mal irremediável. Ainda assim, ter coragem para lidar com ela é extremamente difícil. Principalmente no caso da Célia, que é médica. Na cultura da medicina, a morte é o maior dos fracassos que um médico pode vivenciar, já que seu papel seria "salvar vidas". Para muitos, sua decisão pelos cuidados paliativos pode parecer desistência, mas ela corajosamente entendeu que, para sua mãe, era cuidado redobrado.

Este livro é sobre coragem

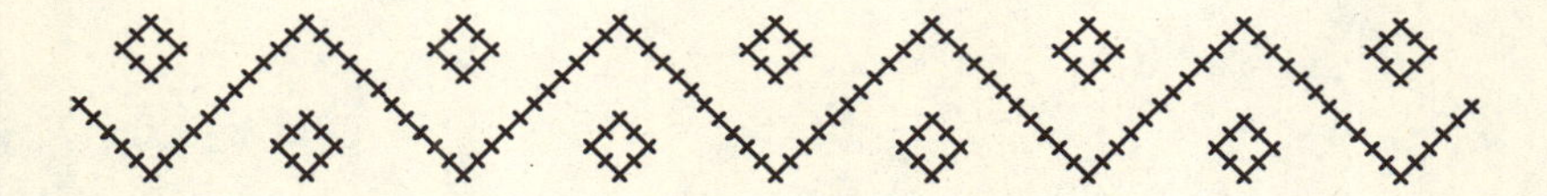

Quando definimos os temas dos capítulos, coragem não seria o último. Mas a escrita é um processo muito vivo, muito dinâmico, e diversas das decisões que tivemos quando nós dois estruturamos o que queríamos contar nestas páginas foi se modificando. Assim como vamos nos modificando diariamente ao ouvir todas as histórias que conhecemos e contamos.

Com o processo de trazer essas reflexões em texto para você, fomos percebendo que coragem deveria, sim, finalizar o livro. Afinal, ele é todo sobre coragem, assim como muitas das histórias que contamos no Ter.a.pia – se não todas. Às vezes falamos sobre a coragem de desistir, outras vezes sobre a de recomeçar, a de enfrentar os obstáculos e até a coragem de fazer a diferença.

Esperamos muito que as histórias que trouxemos para cá possam lhe dar bastante coragem. Coragem de iniciar uma descoberta, coragem para descobrir seu propósito, coragem para construir relações, coragem para mudar, coragem para compreender... Até porque a coragem não é apenas um ímpeto, um impulso humano: ela sempre estará associada às particularidades e necessidades de cada um.

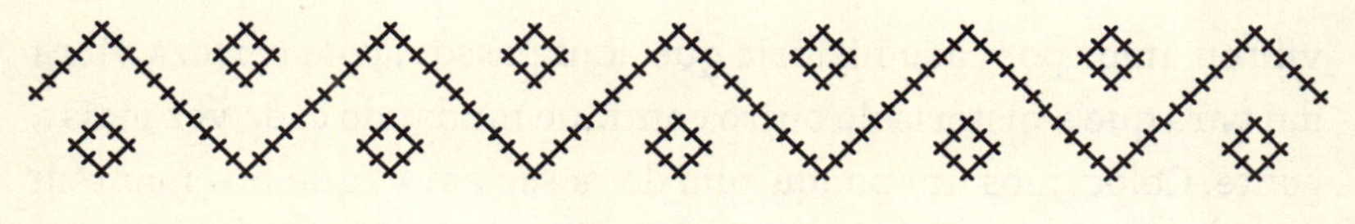

Dedicatória

A última vez que nos encontramos com a Edenilde, não sabíamos que aquela seria uma despedida. Mas, na hora de dar tchau, a gente não queria se afastar. As últimas palavras foram as de sempre: "te amo, volto logo".

Hoje, as palavras seguem ressoando na mente enquanto pensamos no dia que vamos estar lado a lado mais uma vez. Todo mundo se apega à última frase que disse para alguém que ama, mas onde a gente coloca as próximas frases que estão guardadas ainda para serem compartilhadas? O que a gente faz com essa vontade de dividir o que está acontecendo? Quando decidimos que as histórias do Ter.a.pia estariam em um livro, a vontade era de pegar o telefone na hora para contar a novidade. Não deu tempo, ela não estava mais aqui.

Mas descobrimos que a morte não precisa nos impedir de viver essa troca. Se você nos permitir, podemos fazer isso aqui. A conversa que não deu tempo, teremos agora, e quem sabe de algum lugar ela possa ler essa página.

"Amiga querida, apesar da distância física, tem algo no coração que nos permite sentir quando você fica feliz por nossas conquistas. Achamos que não tinha dado tempo de te contar que as histórias que passaram pelo Ter.a.pia ganhariam mais uma chance de tocar o coração das pessoas, dessa vez através da escrita, mas agora veio uma sensação de que talvez você já até saiba. Você, que sempre vibrou amor por cada história que aqui passou, com certeza vibra daí para que a história do outro continue mudando cada vez mais a gente. Colocamos um pouquinho do nosso amor, que nos mantém conectados, nessas páginas. Quando foi a sua vez de gravar, você disse que a amizade é como uma plantinha que precisa ser regada. E que essa plantinha poderia se manter viva se você estivesse vivendo aqui, na Terra, ou no Além. É essa certeza que nos mantém de pé. É essa certeza que nos faz sentir o seu amor tão vivo dentro de nós. A história dessa amizade que construímos juntos também está neste livro, uma amizade que continua nos dando forças mesmo sem os olhares se encontrando. Vamos mostrar para todo mundo como você viveu transbordando amor e sabemos que esse amor vai transformar quem te conhecer através do nosso olhar. Este livro e tudo o que a gente fizer nessa vida é dedicado para você!"